AF370781

Todos los libros de Linkgua Ediciones cuentan con modelos de Inteligencia Artificial entrenados por hispanistas. Pregúntale al chat de tu libro lo que desees acerca de la obra o su autor/a.

Para **ebooks:** Accede a nuestro modelo de IA a través de este enlace.

Para **libros impresos:** Escanea el código QR de la portada con tu dispositivo móvil.

Obtén análisis detallados de nuestros libros, resúmenes, respuestas a tus preguntas y accede a nuestras ediciones críticas generativas para una experiencia de lectura más enriquecedora.
La transparencia y el respeto hacia la autoría de las fuentes utilizadas son distintivos básicos de nuestro proyecto. Por ello, las respuestas ofrecen, mediante un sistema de citas, las fuentes con las que han sido elaboradas.

Autores varios

Constitución de Venezuela de 1961

Barcelona 2024
Linkgua-ediciones.com

Créditos

Título original: Constitución de Venezuela.

© 2024, Red ediciones S.L.

e-mail: info@linkgua.com

Diseño de la colección: Michel Mallard.

ISBN rústica ilustrada: 978-84-9953-698-9.
ISBN tapa dura: 978-84-1126-660-4.
ISBN rústica: 978-84-96428-61-4.
ISBN ebook: 978-84-9897-162-0.

Sumario

El Congreso de la República de Venezuela

23 de enero de 1961

Requerido el voto de las Asambleas Legislativas de los Estados Anzoategui, Apure, Aragua, Barinas, Bolívar, Carabobo, Cojedes, Falcón, Guarico, Lara, Mérida, Miranda, Monagas, Nueva Esparta, Portuguesa, Sucre, Táchira, Trujillo, Yaracuy y Zulia, y visto el resultado favorable del escrutinio, en representación del pueblo venezolano, para quien invoca la protección de Dios Todopoderoso;

con el propósito de mantener la independencia y la integridad territorial de la Nación, fortalecer su unidad, asegurar la libertad, la paz y la estabilidad de las instituciones;

proteger y enaltecer el trabajo, amparar la dignidad humana, promover el bienestar general y la seguridad social; lograr la participación equitativa de todos en el disfrute de la riqueza, según los principios de la justicia social, y fomentar el desarrollo de la economía al servicio del hombre;

mantener la igualdad social y jurídica, sin discriminaciones derivadas de raza, sexo, credo o condición social;

cooperar con las demás naciones y, de modo especial, con las repúblicas hermanas del continente, en los fines de la comunidad internacional, sobre la base del reciproco respeto de las soberanías, la autodeterminación de los pueblos, la garantía universal de los derechos individuales y sociales de la persona humana, y el repudio de la guerra, de la conquista y del predominio económico como instrumentos de política internacional;

sustentar el orden democrático como único e irrenunciable medio de asegurar los derechos y la dignidad de los ciudadanos, y favorecer pacíficamente su extensión a todos los pueblos de la Tierra;

y conservar y acrecer el patrimonio moral e histórico de la
Nación, forjado por el pueblo en sus luchas por la libertad
y la justicia y por el pensamiento y la acción de los grandes
servidores de la patria, cuya expresión más alta es Simón
Bolívar, el Libertador, decreta la siguiente,

Título I. De la República, su Territorio y su División Política

Capítulo I. Disposiciones Fundamentales

Artículo 1. La República de Venezuela es para siempre e irrevocablemente libre e independiente de toda dominación o protección de potencia extranjera.

Artículo 2. La República de Venezuela es un Estado federal, en los términos consagrados por esta Constitución.

Artículo 3. El gobierno de la República de Venezuela es y será siempre democrático, representativo, responsable y alternativo.

Artículo 4. La soberanía reside en el pueblo, quien la ejerce, mediante el sufragio, por los órganos del Poder Público.

Artículo 5. La bandera nacional, con los colores amarillo, azul y rojo; el himno nacional «Gloria al bravo pueblo», y el escudo de armas de la República son los símbolos de la patria. La ley determinará sus características y reglamentará su uso.

Artículo 6. El idioma oficial es el castellano.

Capítulo II. Del territorio y la división política

Artículo 7. El territorio nacional es el que correspondía a la Capitanía general de Venezuela antes de la transformación política iniciada en 1810, con las modificaciones resultantes de los tratados celebrados validamente por la República. La soberanía, autoridad y vigilancia sobre el mar territorial, la zona marítima contigua, la plataforma continental y el espacio aéreo, así como el dominio y explotación de los bienes y recursos en ellos contenidos, se ejercerán en la extensión y condiciones que determine la ley.

Artículo 8. El territorio nacional no podrá ser jamas cedido, traspasado, arrendado ni en forma alguna enajenado, ni aun temporal o parcialmente, a potencia extranjera. Los Estados extranjeros solo podrán adquirir dentro del área que se determine, mediante garantías de reciprocidad y con las limitaciones que establezca la ley, los inmuebles necesarios para sedes de sus representaciones diplomáticas o consulares. La adquisición de inmuebles por organismos internacionales solo podrá autorizarse mediante las condiciones y restricciones que establezca la ley. En todos estos casos quedará siempre a salvo la soberanía sobre el suelo.

Artículo 9. El territorio nacional se divide, para los fines de la organización política de la República, en el de los Estados, el Distrito Federal, los Territorios Federales y las Dependencias Federales.

Artículo 10. Los Estados podrán fusionarse, modificar sus actuales límites y acordarse compensaciones o cesiones de territorio mediante convenios aprobados por sus Asambleas Legislativas y ratificados por el Senado. Las modificaciones de límites, compensaciones o cesiones de territorio entre el

Distrito Federal a los Territorios o Dependencias Federales y los Estados podrán realizarse por convenios entre el Ejecutivo Nacional y los respectivos Estados, ratificados por las correspondientes Asambleas Legislativas y por el Senado.

Artículo 11. La ciudad de Caracas es la capital de la República y el asiento permanente de los órganos supremos del Poder Nacional. Lo dispuesto en este **Artículo** no impide el ejercicio transitorio del Poder Nacional en otros lugares de la República.
Una ley especial podrá coordinar las distintas jurisdicciones existentes dentro del área metropolitana de Caracas, sin menoscabo de la autonomía municipal.

Artículo 12. El Distrito Federal y los Territorios Federales serán organizados por leyes orgánicas, en las cuales se dejará a salvo la autonomía municipal.

Artículo 13. Por ley especial podrá darse a un Territorio Federal categoría de Estado, asignándole la totalidad o una parte de la superficie del territorio respectivo.

Artículo 14. Son Dependencias Federales las porciones del territorio de la República no comprendidas dentro de los Estados, Territorios y Distrito Federal, así como las islas que se formen o aparezcan en el mar territorial o en el que cubra la plataforma continental. Su régimen y administración serán establecidos por la ley.

Artículo 15. La ley podrá establecer un régimen jurídico especial para aquellos territorios que, por libre determinación de sus habitantes y con la aceptación del Congreso, se incorporen al de la República.

Capítulo III. De los Estados

Artículo 16. Los Estados son autónomos e iguales como entidades políticas. Están obligados a mantener la independencia e integridad de la Nación; y a cumplir y hacer cumplir la Constitución y las leyes de la República. Darán fe a los actos públicos emanados de las autoridades nacionales, de los otros Estados y de los Municipios, y harán que se ejecuten. Cada Estado podrá conservar su nombre actual o cambiarlo.

Artículo 17. Es de la competencia de cada Estado:
1. La organización de sus poderes públicos, en conformidad con esta Constitución;
2. La organización de sus Municipios y demás entidades locales, y su división político-territorial, en conformidad con esta Constitución y las leyes nacionales;
3. La administración de sus bienes y la inversión del situado constitucional y demás ingresos que le correspondan, con sujeción a lo dispuesto en los artículos 229 y 235 de esta Constitución;
4. El uso del crédito público, con las limitaciones y requisitos que establezcan las leyes nacionales;
5. La organización de la policía urbana y rural y la determinación de las ramas de este servicio atribuidas a la competencia municipal;
6. Las materias que le sean atribuidas de acuerdo con el **Artículo** 137;

7. Todo lo que no corresponda, de conformidad con esta Constitución, a la competencia nacional o municipal.

Artículo 18. Los estados no podrán:
1. Crear aduanas ni impuestos de importación, o exportación o de transito sobre bienes extranjeros o nacionales, o sobre las demás materias rentísticas de la competencia nacional o municipal;
2. Gravar bienes de consumo antes de que entren en circulación dentro de su territorio;
3. Prohibir el consumo de bienes producidos fuera de su territorio, ni gravarlos en forma diferente a los producidos en el;
4. Crear impuestos sobre el ganado en pie o sobre sus productos o subproductos.

Artículo 19. El Poder Legislativo se ejerce en cada Estado por una Asamblea Legislativa cuyos miembros deberán reunir las mismas condiciones exigidas por esta Constitución para ser diputado y serán elegidos por votación directa con representación proporcional de las minorías, de acuerdo con la ley.
La Asamblea Legislativa es competente para el examen y control de cualquier acto de la administración pública estatal.
Los miembros de las Asambleas Legislativas gozarán de inmunidad en el territorio del Estado respectivo, desde diez días antes de comenzar las sesiones hasta diez días después de terminar estas o de separarse del ejercicio de sus funciones. Esta inmunidad se regirá por las normas de esta Constitución relativas a la inmunidad de los senadores y diputados, en cuanto sean aplicables.

Artículo 20. Son atribuciones de la Asamblea Legislativa:
1. Legislar sobre las materias de la competencia estatal;
2. Aprobar o improbar anualmente la gestión del gobernador, en la sesión especial que al efecto se convoque;
3. Sancionar la Ley de Presupuesto del Estado. El total de gastos autorizados por la Ley de Presupuesto no podrá exceder en ningún caso de la estimación de los ingresos del respectivo periodo hecha por el gobernador en el proyecto presentado a la Asamblea Legislativa;
4. Las demás que le atribuyan las leyes.

Artículo 21. El gobierno y la administración de cada Estado corresponde a un gobernador, quien además de Jefe del Ejecutivo del Estado es agente del Ejecutivo Nacional en su respectiva circunscripción. Para ser gobernador se requiere ser venezolano por nacimiento, mayor de treinta años y de estado seglar.

Artículo 22. La ley podrá establecer la forma de elección y remoción de los gobernadores, de acuerdo con los principios consagrados en el **Artículo** 3 de esta Constitución. El respectivo proyecto deberá ser previamente admitido por las Cámaras en sesión conjunta, por el voto de las dos terceras partes de sus miembros. La ley respectiva no estará sujeta al veto del presidente de la República. Mientras no se dicte la ley prevista en este **Artículo**, los gobernadores serán nombrados y removidos libremente por el presidente de la República.

Artículo 23. Son atribuciones y deberes del gobernador:
1. Cumplir y hacer cumplir esta Constitución y las leyes, y ejecutar y hacer ejecutar las ordenes y resoluciones que reciba del Ejecutivo Nacional;

2. Nombrar y remover los funcionarios y empleados de su dependencia, cuya designación no estuviere atribuida a otra autoridad, sin perjuicio de lo que dispongan las leyes sobre carrera administrativa;

3. Presentar a la Asamblea Legislativa un informe de su administración durante el año inmediatamente anterior;

4. Presentar a la Asamblea Legislativa el proyecto de Ley de Presupuesto.

Artículo 24. La improbación de la gestión del gobernador acarreará su inmediata destitución en el caso de que esta última sea acordada expresamente y por el voto de las dos terceras partes de los miembros de la Asamblea Legislativa.

Capítulo IV. De los Municipios

Artículo 25. Los Municipios constituyen la unidad política primaria y autónoma dentro de la organización nacional. Son personas jurídicas, y su representación la ejercerán los órganos que determine la ley.

Artículo 26. La organización de los Municipios y demás entidades locales se regirá por esta Constitución, por las normas que para desarrollar los principios constitucionales establezcan las leyes orgánicas nacionales y por las disposiciones legales que en conformidad con aquellas dicten los Estados.

Artículo 27. La ley podrá establecer diferentes regímenes para la organización, gobierno y administración de los Municipios, atendiendo a las condiciones de población, desarrollo económico, situación geográfica y otros factores de importancia. En todo caso la organización municipal será democrática y responderá a la naturaleza propia del gobierno local.

Artículo 28. Los Municipios podrán ser agrupados en Distritos. También podrán los Municipios constituir mancomunidades para determinados fines de su competencia.

Artículo 29. La autonomía del Municipio comprende:
1. La elección de sus autoridades;
2. La libre gestión en las materias de su competencia: y
3. La creación, recaudación e inversión de sus ingresos.
Los actos de los Municipios no podrán ser impugnados sino por ante los órganos jurisdiccionales, de conformidad con esta Constitución y las leyes.

Artículo 30. Es de la competencia municipal el gobierno y administración de los intereses peculiares de la entidad, en particular cuando tenga relación con sus bienes e ingresos y con las materias propias de la vida local, tales como urbanismo, abastos, circulación, cultura, salubridad, asistencia social, institutos populares de crédito, turismo y policía municipal.
La ley podrá atribuir a los Municipios competencia exclusiva en determinadas materias, así como imponerles un mínimo obligatorio de servicios.

Artículo 31. Los Municipios tendrán los siguientes ingresos:
1. El producto de sus ejidos y bienes propios;
2. Las tasas por el uso de sus bienes o servicios.
3. Las patentes sobre industria, comercio y vehículos, y los impuestos sobre inmuebles urbanos y espectáculos públicos;

4. Las multas que impongan las autoridades municipales, y
las demás que legalmente les sean atribuidas;
5. Las subvenciones estatales o nacionales y los donativos; y
6. Los demás impuestos, tasas y contribuciones especiales
que crearen de conformidad con la ley.

Artículo 32. Los ejidos son inalienables e imprescriptibles.
Solo podrán enajenarse para construcciones en los casos establecidos en las ordenanzas municipales, y previas las formalidades que las mismas señalen. También podrán enajenarse con fines de Reforma agraria aquellos que determine
la ley, pero siempre se dejarán a salvo los que requieran el
desarrollo de los núcleos urbanos.

Artículo 33. Los Municipios podrán hacer uso del crédito
público, con las limitaciones y requisitos que establezca la
ley.

Artículo 34. Los Municipios estarán sujetos a las limitaciones establecidas en el **Artículo** 18 de esta Constitución, y no
podrán gravar los productos de la agricultura, la cría y la
pesquería de animales comestibles con otros impuestos que
los ordinarios sobre detalles de comercio.

Título II. De la Nacionalidad

Artículo 35. Son venezolanos por nacimiento:
1. Los nacidos en el territorio de la República;
2. Los nacidos en el territorio extranjero de padre y madre venezolanos por nacimiento;
3. Los nacidos en territorio extranjero de padre venezolano por nacimiento o madre venezolana por nacimiento, siempre que establezcan su residencia en el territorio de la República o declaren su voluntad de acogerse a la nacionalidad venezolana; y
4. Los nacidos en territorio extranjero de padre venezolano por naturalización o madre venezolana por naturalización siempre que antes de cumplir dieciocho años de edad establezcan su residencia en el territorio de la República y antes de cumplir veinticinco años de edad declaren su voluntad de acogerse a la nacionalidad venezolana.

Artículo 36. Son venezolanos por naturalización los extranjeros que obtengan carta de naturaleza. Los extranjeros que tengan por nacimiento la nacionalidad de España o de un Estado latinoamericano gozarán de facilidades especiales para la obtención de carta de naturaleza.

Artículo 37. Son venezolanos por naturalización desde que declaren su voluntad de serlo:
1. La extranjera casada con venezolano;
2. Los extranjeros menores de edad en la fecha de naturalización de quien ejerza sobre ellos la patria potestad, si residen en el territorio de la República y hacen la declaración antes de cumplir veinticinco años de edad; y

3. Los extranjeros menores de edad adoptados por venezolanos, si residen en el territorio de la República y hacen la declaración antes de cumplir veinticinco años de edad.

Artículo 38. La venezolana que casare con extranjero conserva su nacionalidad, a menos que declare su voluntad contraria y adquiera, según la ley nacional del marido, la nacionalidad de este.

Artículo 39. La nacionalidad venezolana se pierde:
1. Por opción o adquisición voluntaria de otra nacionalidad;
2. Por revocación de la naturalización mediante sentencia judicial de acuerdo con la ley.

Artículo 40. La nacionalidad venezolana por nacimiento se recupera cuando el que la hubiere perdido se domicilia en el territorio de la República y declara su voluntad de recuperarla, o cuando permanece en el país por un periodo no menor de dos años.

Artículo 41. Las declaraciones de voluntad contempladas en los artículos 35, 37 y 40 se harán en forma autentica por el interesado, cuando sea mayor de dieciocho años, o por su representante legal, sino ha cumplido esa edad.

Artículo 42. La ley dictará, de conformidad con el espíritu de las disposiciones anteriores, las normas sustantivas y procesales relacionadas con la adquisición, opción pérdida y recuperación de la nacionalidad venezolana, resolverá los conflictos de nacionalidad, establecerá los requisitos, circunstancias favorables y solemnidades y regulará la pérdida

y nulidad de la naturalización por manifestación de voluntad
y por obtención de carta de naturaleza

Título III. De los deberes, derechos y garantías

Capítulo I. Disposiciones generales

Artículo 43. Todos tienen derecho al libre desenvolvimiento de su personalidad, sin más limitaciones que las que derivan del derecho de los demás y del orden público y social.

Artículo 44. Ninguna disposición legislativa tendrá efecto retroactivo excepto cuando imponga menor pena. Las leyes de procedimiento se aplicarán desde el momento mismo de entrar en vigencia, aun en los procesos que se hallaren en curso; pero en los procesos penales las pruebas ya evacuadas se estimarán, en cuanto beneficien al reo, conforme a la ley vigente para la fecha en que se promovieron.

Artículo 45. Los extranjeros tienen los mismos deberes y derechos que los venezolanos, con las limitaciones o excepciones establecidas por esta Constitución y las leyes.
Los derechos políticos son privativos de los venezolanos, salvo lo que dispone el **Artículo** 111.
Gozarán de los mismos derechos que los venezolanos por nacimiento los venezolanos por naturalización que hubieren ingresado al país antes de cumplir los siete años de edad y residido en el permanentemente hasta alcanzar la mayoridad.

Artículo 46. Todo acto del Poder Público que viole o menoscabe los derechos garantizados por esta Constitución es nulo, y los funcionarios y empleados públicos que lo ordenen o ejecuten incurren en responsabilidad penal, civil y administrativa, según los casos, sin que les sirvan de excusa ordenes superiores manifiestamente contrarias a la Constitución y a las leyes.

Artículo 47. En ningún caso podrán pretender los venezolanos ni los extranjeros que la República, los Estados o los Municipios les indemnicen por daños, perjuicios o expropiaciones que no hayan sido causados por autoridades legítimas en el ejercicio de su función pública.

Artículo 48. Todo agente de autoridad que ejecute medidas restrictivas de la libertad deberá identificarse como tal cuando así lo exijan las personas afectadas.

Artículo 49. Los tribunales ampararán a todo habitante de la República en el goce y ejercicio de los derechos y garantías que la Constitución establece, en conformidad con la ley.
El procedimiento será breve y sumario, y el juez competente tendrá potestad para restablecer inmediatamente la situación jurídica infringida.

Artículo 50. La enunciación de los derechos y garantías contenida en esta Constitución no debe entenderse como negación de otros que, siendo inherentes a la persona humana, no figuren expresamente en ella.
La falta de ley reglamentaria de estos derechos no menoscaba el ejercicio de los mismos.

Capítulo II. Deberes

Artículo 51. Los venezolanos tienen el deber de honrar y defender la Patria, y de resguardar y proteger los intereses de la Nación.

Artículo 52. Tanto los venezolanos como los extranjeros deben cumplir y obedecer la Constitución y las leyes, y los decretos, resoluciones y ordenes que en ejercicio de sus atribuciones dicten los órganos legítimos del Poder Público.

Artículo 53. El servicio militar es obligatorio y se prestará sin distinción de clase o condición social, en los términos y oportunidades que fije la ley.

Artículo 54. El trabajo es un deber de toda persona apta para prestarlo.

Artículo 55. La educación es obligatoria en el grado y condiciones que fije la ley. Los padres y representantes son responsables del cumplimiento de este deber, y el Estado proveerá los medios para que todos puedan cumplirlo.

Artículo 56. Todos están obligados a contribuir a los gastos públicos.

Artículo 57. Las obligaciones que corresponden al Estado en cuanto a la asistencia, educación y bienestar del pueblo no excluyen las que, en virtud de la solidaridad social, incumben a los particulares según su capacidad. La ley podrá imponer el cumplimiento de estas obligaciones en los casos en que fuere necesario. También podrá imponer, a quienes aspiren a ejercer determinadas profesiones, el deber de prestar servicio durante cierto tiempo en los lugares y condiciones que se señalen.

Capítulo III. Derechos Individuales

Artículo 58. El derecho a la vida es inviolable. Ninguna ley podrá establecer la pena de muerte ni autoridad alguna aplicarla.

Artículo 59. Toda persona tiene derecho a ser protegida contra los perjuicios a su honor, reputación o vida privada.

Artículo 60. La libertad y seguridad personales son inviolables, y en consecuencia:
1. Nadie podrá ser preso o detenido, a menos que sea sorprendido infraganti, sino en virtud de orden escrita del funcionario autorizado para decretar la detención, en los casos y con las formalidades previstos por la ley. El sumario no podrá prolongarse más allá del límite máximo legalmente fijado.
El indiciado tendrá acceso a los recaudos sumariales y a todos los medios de defensa que prevea la ley tan pronto como se ejecute el correspondiente auto de detención.
En caso de haberse cometido un hecho punible, las autoridades de policía podrán adoptar las medidas provisionales, de necesidad o urgencia, indispensables para asegurar la investigación del hecho y el enjuiciamiento de los culpables. La ley fijará el término breve y perentorio en que tales medidas deberán ser comunicadas a la autoridad judicial, y establecerá además el plazo para que esta provea, entendiéndose que

han sido revocadas y privadas de todo efecto, si ella no las confirma en el referido plazo;

2. Nadie podrá ser privado de su libertad por obligaciones cuyo incumplimiento no haya sido definido por la ley como delito o falta;

3. Nadie podrá ser incomunicado ni sometido a tortura o a otros procedimientos que causen sufrimiento físico o moral. Es punible todo atropello físico o moral inferido a persona sometida a restricciones de su libertad;

4. Nadie podrá ser obligado a prestar juramento ni constreñido a rendir declaración o a reconocer culpabilidad en causa penal contra sí mismo, ni contra su cónyuge o la persona con quien haga vida marital ni contra sus parientes dentro del cuarto grado de consanguinidad o segundo de afinidad.

5. Nadie podrá ser condenado en causa penal sin antes haber sido notificado personalmente de los cargos y oído en la forma que indique la ley. Los reos de delito contra la cosa pública podrán ser juzgados en ausencia, con las garantías y en la forma que determine la ley;

6. Nadie continuará en detención después de dictada orden de excarcelación por la autoridad competente o una vez cumplida la pena impuesta. La Constitución de fianza exigida por la ley para conceder la libertad provisional del detenido no causará impuesto alguno;

7. Nadie podrá ser condenado a penas perpetuas o infamantes. Las penas restrictivas de la libertad no podrán exceder de treinta años;

8. Nadie podrá ser sometido a juicio por los mismos hechos en virtud de los cuales hubiere sido juzgado anteriormente;

9. Nadie podrá ser objeto de reclutamiento forzoso ni sometido al servicio militar sino en los términos pautados por la ley;

10. Las medidas de interés social sobre sujetos en estado de peligrosidad solo podrán ser tomadas mediante el cumplimiento de las condiciones y formalidades que establezca la ley. Dichas medidas se orientarán en todo caso a la readaptación del sujeto para los fines de la convivencia social.

Artículo 61. No se permitirán discriminaciones fundadas en la raza, el sexo, el credo o la condición social.
Los documentos de identificación para los actos de la vida civil no contendrán mención alguna que califique la filiación.
No se dará otro tratamiento oficial sino el de ciudadano y usted, salvo las fórmulas diplomáticas.
No se reconocerán títulos nobiliarios ni distinciones hereditarias.

Artículo 62. El hogar doméstico es inviolable. No podrá ser allanado sino para impedir la perpetración de un delito o para cumplir, de acuerdo con la ley, las decisiones que dicten los Tribunales. Las visitas sanitarias que hayan de practicarse de conformidad con la ley solo podrán hacerse previo aviso de los funcionarios que las ordenen o hayan de practicarlas.

Artículo 63. La correspondencia en todas sus formas es inviolable. Las cartas, telegramas, papeles privados y cualquier otro medio de correspondencia no podrán ser ocupados sino por la autoridad judicial, con el cumplimiento de las formalidades legales y guardándose siempre el secreto respecto de lo doméstico y privado que no tenga relación con el correspondiente proceso. Los libros, comprobantes y documentos de contabilidad solo estarán sujetos a la inspección o fiscalización de las autoridades competentes, de conformidad con la ley.

Artículo 64. Todos pueden transitar libremente por el territorio nacional, cambiar de domicilio o residencia, ausentarse de la República y volver a ella, traer sus bienes al país o sacarlos de el, sin más limitación que las establecidas por la ley. Los venezolanos podrán ingresar al país sin necesidad de autorización alguna. Ningún acto del Poder Público podrá establecer la pena de extrañamiento del territorio nacional contra venezolanos, salvo como conmutación de otra pena y a solicitud del mismo reo.

Artículo 65. Todos tienen el derecho de profesar su fe religiosa y de ejercitar su culto, privado o públicamente, siempre que no sea contrario al orden público o a las buenas costumbres.
El culto estará sometido a la suprema inspección del Ejecutivo Nacional, de conformidad con la ley.
Nadie podrá invocar creencias o disciplinas religiosas para eludir el cumplimiento de las leyes ni para impedir a otro el ejercicio de sus derechos.

Artículo 66. Todos tienen el derecho de expresar su pensamiento de viva voz o por escrito y de hacer uso para ella de cualquier medio de difusión, sin que pueda establecerse censura previa; pero quedan sujetas a pena, de conformidad con la ley, las expresiones que constituyan delito.
No se permite el anonimato. Tampoco se permitirá la propaganda de guerra, la que ofenda la moral pública ni la que tenga por objeto provocar la desobediencia de las leyes, sin que por esto pueda coartarse el análisis o la crítica de los preceptos legales.

Artículo 67. Todos tienen el derecho de representar o dirigir peticiones ante cualquier entidad o funcionario público, sobre los asuntos que sean de la competencia de estos, y a obtener oportuna respuesta.

Artículo 68. Todos pueden utilizar los órganos de la administración de justicia para la defensa de sus derechos e intereses, en los términos y condiciones establecidos por la ley, la cual fijará normas que aseguren el ejercicio de este derecho a quienes no dispongan de medios suficientes.
La defensa es derecho inviolable en todo estado y grado de proceso.

Artículo 69. Nadie podrá ser juzgado sino por sus jueces naturales ni condenado a sufrir pena que no esté establecida por ley preexistente.

Artículo 70. Todos tienen el derecho de asociarse con fines lícitos, en conformidad con la ley.

Artículo 71. Todos tienen el derecho de reunirse, pública o privadamente, sin permiso previo, con fines lícitos y sin armas. Las reuniones en lugares públicos se regirán por la ley.

Capítulo IV. Derechos sociales

Artículo 72. El Estado protegerá las asociaciones, corporaciones, sociedades y comunidades que tengan por objeto el mejor cumplimiento de los fines de la persona humana y de la convivencia social, y fomentará la organización de cooperativas y demás instituciones destinadas a mejorar la economía popular.

Artículo 73. El Estado protegerá la familia como célula fundamental de la sociedad y velará por el mejoramiento de su situación moral y económica.
La ley protegerá el matrimonio, favorecerá la organización del patrimonio familiar inembargable y proveerá lo conducente a facilitar a cada familia la adquisición de vivienda cómoda e higiénica

Artículo 74. La maternidad será protegida, sea cual fuere el estado civil de la madre. Se dictarán las medidas necesarias para asegurar a todo niño, sin discriminación alguna, protección integral, desde su concepción hasta su completo desarrollo, para que este realice en condiciones materiales y morales favorables.

Artículo 75. La ley proveerá lo conducente para que todo niño, sea cual fuere su filiación, pueda conocer a sus padres, para que estos cumplan el deber de asistir, alimentar y educar a sus hijos y para que la infancia y la juventud estén protegidas contra el abandono, la explotación o el abuso.
La filiación adoptiva será amparada por la ley. El Estado compartirá con los padres, de modo subsidiario y atendiendo a las posibilidades de aquellos, la responsabilidad que les incumbe en la formación de los hijos.
El amparo y la protección de los menores serán objeto de legislación especial y de organismos y tribunales especiales.

Artículo 76. Todos tienen derecho a la protección de la salud. Las autoridades velarán por el mantenimiento de la salud pública y proveerán los medios de prevención y asistencia a quienes carezcan de ellos. Todos están obligados a someterse a las medidas sanitarias que establezca la ley, dentro de los límites impuestos por el respeto a la persona humana.

Artículo 77. El Estado propenderá a mejorar las condiciones de vida de la población campesina.
La ley establecerá el régimen de excepción que requiera la protección de las comunidades de indígenas y su incorporación progresiva a la vida de la Nación.

Artículo 78. Todos tienen derecho a la educación.
El Estado creará y sostendrá escuelas, instituciones y servicios suficientemente dotados para asegurar el acceso a la educación y a la cultura, sin más limitaciones que las derivadas de la vocación y de las aptitudes.
La educación impartida por los institutos oficiales será gratuita en todos sus ciclos. Sin embargo, la ley podrá establecer excepciones respecto de la enseñanza superior y especial, cuando se trate de personas provistas de medios de fortuna.

Artículo 79. Toda persona natural o jurídica podrá dedicarse libremente a las ciencias o a las artes, y, previa demostración de su capacidad, fundar cátedras y establecimientos educativos bajo la suprema inspección y vigilancia del Estado.
El Estado estimulará y protegerá la educación privada que se imparta de acuerdo con los principios contenidos en esta Constitución y en las leyes.

Artículo 80. La educación tendrá como finalidad el pleno desarrollo de la personalidad, la formación de ciudadanos aptos para la vida y para el ejercicio de la democracia, el fomento de la cultura y el desarrollo del espíritu de solidaridad humana.

El Estado orientará y organizará el sistema educativo para lograr el cumplimiento de los fines aquí señalados.

Artículo 81. La educación estará a cargo de personas de reconocida moralidad y de idoneidad docente comprobada, de acuerdo con la ley.

La ley garantizará a los profesionales de la enseñanza su estabilidad profesional y un régimen de trabajo y un nivel de vida acordes con su elevada misión.

Artículo 82. La ley determinará las profesiones que requieren título y las condiciones que deben cumplirse para ejercerlas. Es obligatoria la colegiación para el ejercicio de aquellas profesiones universitarias que señale la ley.

Artículo 83. El Estado fomentará la cultura en sus diversas manifestaciones y velará por la protección y conservación de las obras, objetos y monumentos de valor históricos o artístico que se encuentre en el país, y procurará que ellos sirvan al fomento de la educación.

Artículo 84. Todos tienen derecho al trabajo. El Estado procurará que toda persona apta pueda obtener colocación que le proporcione una subsistencia digna y decorosa.

La libertad de trabajo no estará sujeta a otras restricciones que las que establezca la ley.

Artículo 85. El trabajo será objeto de protección especial. La ley dispondrá lo necesario para mejorar las condiciones materiales, morales e intelectuales de los trabajadores. Son

irrenunciables por el trabajador las disposiciones que la ley
establezca para favorecerlo o protegerlo.

Artículo 86. La ley limitará la duración máxima de la jornada de trabajo. Salvo las excepciones que se provean, la duración normal del trabajo no excederá de ocho horas diarias
ni de cuarenta y ocho semanales, y la del trabajo nocturno,
en los casos en que se permita, no excederá de siete horas
diarias ni de cuarenta y dos semanales.
Todos los trabajadores disfrutarán de descanso semanal remunerado y de vacaciones pagadas en conformidad con la
ley.
Se propenderá a la progresiva disminución de la jornada,
dentro del interés social y en el ámbito que se determine,
y se dispondrá lo conveniente para la mejor utilización del
tiempo libre.

Artículo 87. La ley proveerá los medios conducentes a la
obtención de un salario justo; establecerá normas para asegurar a todo trabajador por lo menos un salario mínimo;
garantizará igual salario para igual trabajo, sin discriminación alguna; fijará la participación que debe corresponder a
los trabajos en los beneficios de las empresas; y protegerá el
salario y las prestaciones sociales con la inembargabilidad en
la proporción y casos que se fijen y con los demás privilegios
y garantías que ella misma establezca.

Artículo 88. La ley adoptará medidas tendientes a garantizar
la estabilidad en el trabajo y establecerá las prestaciones que
recompensen la antigüedad del trabajador en el servicio y lo
amparen en caso de cesantía.

Artículo 89. La ley determinará la responsabilidad que incumba a la persona natural o jurídica en cuyo provecho se preste el servicio mediante intermediario o contratista, sin perjuicio de la responsabilidad solidaria de estos.

Artículo 90. La ley favorecerá el desarrollo de las relaciones colectivas de trabajo y establecerá el ordenamiento adecuado para las negociaciones colectivas y para la solución pacífica de los conflictos. La convención colectiva será amparada, y en ella se podrá establecer la cláusula sindical, dentro de las condiciones que legalmente se pauten.

Artículo 91. Los sindicatos de trabajadores y los de patronos no estarán sometidos a otros requisitos para su existencia y funcionamiento, que las que establezca la ley con el objeto de asegurar la mejor realización de sus funciones propias y garantizar los derechos de sus miembros,
La ley protegerá en su empleo, de manera especifica, a los promotores y miembros directivos de sindicatos de trabajadores durante el tiempo y en las condiciones que se requieran para asegurar la libertad sindical.

Artículo 92. Los trabajadores tienen el derecho de huelga, dentro de las condiciones que fije la ley.
En los servicios públicos este derecho se ejercerá en los casos que aquella determine.

Artículo 93. La mujer y el menor trabajadores serán objeto de protección especial.

Artículo 94. En forma progresiva se desarrollará un sistema de seguridad social tendiente a proteger a todos los habitantes de la República contra infortunios del trabajo, enfermedad, invalidez, vejez, muerte, desempleo, y cualesquiera otros riesgos que puedan ser objeto de previsión social, así como contra las cargas derivadas de la vida familiar.

Quienes carezcan de medios económicos y no estén en condiciones de procurárselos tendrán derecho a la asistencia social mientras sean incorporados al sistema de seguridad social.

Capítulo V. Derechos económicos

Artículo 95. El régimen económico de la República se fundamentará en principios de justicia social que aseguren a todos una existencia digna y provechosa para la colectividad.

El Estado promoverá el desarrollo económico y la diversificación de la producción, con el fin de crear nuevas fuentes de riqueza, aumentar el nivel de ingresos de la población y fortalecer la soberanía económica del país.

Artículo 96. Todos pueden dedicarse libremente a la actividad lucrativa de su preferencia, sin más limitaciones que las previstas en esta Constitución y las que establezcan las leyes por razones de seguridad, de sanidad u otras de interés social.

La ley dictará normas para impedir la usura, la indebida elevación de los precios y, en general las maniobras abusivas encaminadas a obstruir o restringir la libertad económica.

Artículo 97. No se permitirán monopolios. Solo podrán otorgarse, en conformidad con la ley, concesiones con carácter de exclusividad, y por tiempo limitado, para el establecimiento y la explotación de obras y servicios de interés público.

El Estado podrá reservarse determinadas industrias, explotaciones o servicios de interés público por razones de conveniencia nacional, y propenderá a la creación y desarrollo de una industria básica pesada bajo su control.
La ley determinará lo concerniente a las industrias promovidas y dirigidas por el Estado.

Artículo 98. El Estado protegerá la iniciativa privada, sin perjuicio de la facultad de dictar medidas para planificar, racionalizar y fomentar la producción, y regular la circulación, distribución y consumo de la riqueza, a fin de impulsar el desarrollo económico del país.

Artículo 99. Se garantiza el derecho de propiedad. En virtud de su función social la propiedad estará sometida a las contribuciones, restricciones y obligaciones que establezca la ley con fines de utilidad pública o de interés general.

Artículo 100. Los derechos sobre obras científicas, literarias y artísticas, invenciones, denominaciones, marcas y lemas gozarán de protección por el tiempo y en las condiciones que la ley señale.

Artículo 101. Solo por causa de utilidad pública o de interés social, mediante sentencia firme y pago de justa indemnización, podrá ser declarada la expropiación de cualquier clase de bienes. En la expropiación de inmuebles, con fines de Reforma agraria o de ensanche y mejoramiento de poblaciones, y en los casos que por graves razones de interés nacional determine la ley, podrá establecerse el diferimiento del pago por tiempo determinado o su cancelación parcial mediante la emisión de bonos de aceptación obligatoria, con garantía suficiente.

Artículo 102. No se decretarán ni ejecutarán confiscaciones sino en los casos permitidos por el **Artículo** 250. Quedan a salvo, respecto de extranjeros, las medidas aceptadas por el derecho internacional.

Artículo 103. Las tierras adquiridas con destino a la exploración o explotación de concesiones mineras, comprendidas las de hidrocarburos y demás minerales combustibles, pasarán en plena propiedad a la Nación, sin indemnización alguna, al extinguirse por cualquier causa la concesión respectiva.

Artículo 104. Los ferrocarriles, carreteras, oleoductos y otras vías de comunicaciones o de transporte construidos por empresas exploradoras de recursos naturales estarán al servicio del público, en las condiciones y con las limitaciones que establezca la ley.

Artículo 105. El régimen latifundista es contrario al interés social. La ley dispondrá lo conducente a su eliminación, y establecerá normas encaminadas a dotar de tierra a los campesinos y trabajadores rurales que carezcan de ella, así como a proveerlos de los medios necesarios para hacerla producir.

Artículo 106. El Estado atenderá a la defensa y conservación de los recursos naturales de su territorio, y la explotación de los mismos estará dirigida primordialmente al beneficio colectivo de los venezolanos.

Artículo 107. La ley establecerá las normas relativas a la participación de los capitales extranjeros en el desarrollo económico nacional.

Artículo 108. La República favorecerá la integración económica latinoamericana. A este fin se procurará coordinar recursos y esfuerzos para fomentar el desarrollo económico y aumentar el bienestar y seguridad comunes.

Artículo 109. La ley regulará la integración, organización y atribuciones de los cuerpos consultivos que se juzguen necesarios para oír la opinión de los sectores económicos privados, la población consumidora, las organizaciones sindicales de trabajadores, los colegios de profesionales y las universidades, en los asuntos que interesan a la vida económica.

Capítulo VI. Derechos políticos

Artículo 110. El voto es un derecho y una función pública. Su ejercicio será obligatorio, dentro de los límites y condiciones que establezca la ley.

Artículo 111. Son electores todos los venezolanos que hayan cumplido dieciocho años de edad y no estén sujetos a interdicción civil ni a inhabilitación política.
El voto para elecciones municipales podrá hacerse extensivo a los extranjeros, en las condiciones de residencia y otras que la ley establezca.

Artículo 112. Son elegibles y aptos para el desempeño de funciones públicas los electores que sepan leer y escribir, mayores de veintiún años, sin más restricciones que las establecidas en esta Constitución y las derivadas de las condiciones de aptitud que, para el ejercicio de determinados cargos, exijan las leyes.

Artículo 113. La legislación electoral asegurará la libertad y el secreto del voto, y consagrará el derecho de representación proporcional de las minorías.

Los organismos electorales estarán integrados de manera que no predomine en ellos ningún partido o agrupación política, y sus componentes gozarán de los privilegios que la ley establezca para asegurar su independencia en el ejercicio de sus funciones.

Los partidos políticos concurrentes tendrán derecho de vigilancia sobre el proceso electoral.

Artículo 114. Todos los venezolanos aptos para el voto tienen el derecho de asociarse en partidos políticos para participar, por métodos democráticos, en la orientación de la política nacional.

El legislador reglamentará la Constitución y actividad de los partidos políticos con el fin de asegurar su carácter democrático y garantizar su igualdad ante la ley.

Artículo 115. Los ciudadanos tienen el derecho de manifestar pacíficamente y sin armas, sin otros requisitos que los que establezca la ley.

Artículo 116. La República reconoce el asilo a favor de cualquier persona que sea objeto de persecución o se halle en peligro, por motivos políticos, en las condiciones y con los requisitos establecidos por las leyes y las normas del derecho internacional.

Título IV. Del Poder Público

Capítulo I. Disposiciones generales

Artículo 117. La Constitución y las leyes definen las atribuciones del Poder Público, y a ellas debe sujetarse su ejercicio.

Artículo 118. Cada una de las ramas del Poder Público tienen sus funciones propias, pero los órganos a los que incumbe su ejercicio colaborarán entre sí en la realización de los fines del Estado.

Artículo 119. Toda autoridad usurpada es ineficaz, y sus actos son nulos.

Artículo 120. Es nula toda decisión acordada por requisición directa o indirecta de la fuerza, o por reunión de individuos en actitud subversiva.

Artículo 121. El ejercicio del Poder Público acarrea responsabilidad individual por abuso de poder o por violación de la ley.

Artículo 122. La ley establecerá la carrera administrativa mediante las normas de ingreso, ascenso, traslado, suspensión, retiro de los empleados de la Administración Pública Nacional, y proveerá su incorporación al sistema de seguridad social.
Los empleados públicos están al servicio del Estado y no de parcialidad política alguna.

Todo funcionario o empleado público esta obligado a cumplir los requisitos establecidos por la ley para el ejercicio de su cargo.

Artículo 123. Nadie podrá desempeñar a la vez más de un destino público remunerado, a menos que se trate de cargos académicos, accidentales, asistenciales, docentes, edificios o electorales que determina la ley. La aceptación de un segundo destino que no sea de los exceptuados en este **Artículo** implica la renuncia del primero, salvo los casos previstos en el **Artículo** 1410 cuando se trate de suplentes mientras no reemplacen definitivamente al principal.

Artículo 124. Nadie que esté al servicio de la República, de los Estados, de los Municipios y demás personas jurídicas de derecho público podrá celebrar contrato alguno con ellos, ni por sí ni por interpuesta persona ni en representación de otro, salvo las excepciones que establezcan las leyes.

Artículo 125. Ningún funcionario o empleado público podrá aceptar cargos, honores o recompensas de gobiernos extranjeros sin que preceda la correspondiente autorización del Senado.

Artículo 126. Sin la aprobación del Congreso, no podrá celebrarse ningún contrato de interés nacional, salvo los que fueren necesarios para el normal desarrollo de la Administración Pública o los que permita la ley. No podrá en ningún caso procederse al otorgamiento de nuevas concesiones de hidrocarburos ni de otros recursos naturales que determine la ley, sin que las Cámaras en sesión conjunta, debidamente informadas por el Ejecutivo Nacional de todas las circunstancias pertinentes, lo autoricen, dentro de las condiciones que fijen y sin que ello dispense del cumplimiento de las formalidades legales.

Tampoco podrá celebrarse ningún contrato de interés público nacional, estatal o municipal con estados o entidades oficiales extranjeros, ni con sociedades no domiciliadas en Venezuela, ni traspasarse a ellos, sin la aprobación del Congreso.

La ley puede exigir determinadas condiciones de nacionalidad, domicilio o de otro orden, o requerir especiales garantías, en los contratos de interés público.

Artículo 127. En los contratos de interés público, si no fuere improcedente de acuerdo con la naturaleza de los mismos, se considerará incorporada aun cuando no estuviere expresa, una cláusula según la cual las dudas y controversias que pueden suscitarse sobre dichos contratos y que no llegaren a ser resueltas amigablemente por las partes contratantes serán decididas por los tribunales competentes de la República, en conformidad con sus leyes, sin que por ningún motivo ni causa puedan dar origen a reclamaciones extranjeras.

Artículo 128. Los tratados o convenios internacionales que celebre el Ejecutivo Nacional deberán ser aprobados mediante ley especial para que tengan validez, salvo que mediante ellos se trate de ejecutar o perfeccionar obligaciones preexistentes de la República, de aplicar principios expresamente reconocidos por ella, de ejecutar actos ordinarios en las relaciones internacionales o de ejercer facultades que la ley atribuya expresamente al Ejecutivo Nacional.

Sin embargo, la Comisión Delegada del Congreso podrá autorizar la ejecución provisional de tratados o convenios internacionales cuya urgencia así lo requiera, los cuales serán sometidos, en todo caso, a la posterior aprobación o improbación del Congreso.

En todo caso el Ejecutivo Nacional dará cuenta al Congreso en sus próximas sesiones de todos los acuerdos jurídicos internacionales que celebre, con indicación precisa de su carácter y contenido, estén o no sujetos a su aprobación.

Artículo 129. En los tratados, convenios y acuerdos internacionales que la República celebre, se insertará una cláusula por la cual las partes se obliguen a decidir por las vías pacíficas reconocidas en el derecho internacional, o previamente convenidas por ellas, si tal fuere el caso, las controversias que pudieren suscitarse entre las mismas con motivo de su interpretación o ejecución si no fuere improcedente y así lo permita el procedimiento que deba seguirse para su celebración.

Artículo 130. En posesión como esta la República del Derecho de Patronato Eclesiástico, lo ejercerá conforme lo determine la ley. Sin embargo, podrán celebrarse convenios o tratados para regular las relaciones entre la Iglesia y el Estado.

Artículo 131. La autoridad militar y la civil no podrán ejercerse simultáneamente por un mismo funcionario, excepto por el presidente de la República, quien será, por razón de su cargo, Comandante en Jefe de las Fuerzas Armadas Nacionales.

Artículo 132. Las Fuerzas Armadas Nacionales forman una institución apolítica, obediente y no deliberante, organizada por el Estado para asegurar la defensa nacional, la estabilidad de las instituciones democráticas y el respeto a la Constitución y a las leyes, cuyo acatamiento estará siempre por encima de cualquier otra obligación. Las Fuerzas Armadas Nacionales estarán al servicio de la República, y en ningún caso al de una persona o parcialidad política.

Artículo 133. Solo el Estado puede poseer y usar armas de guerra. Todas las que existan, se fabriquen o se introduzcan en el país, pasarán a ser propiedad de la República, sin indemnización ni proceso.
La fabricación, comercio, posesión y uso de otras armas serán reglamentados por la ley.

Artículo 134. Los Estados y Municipios solo podrán organizar sus fuerzas de policía de acuerdo con la ley.

Artículo 135. Los periodos constitucionales del Poder Nacional durarán cinco años, salvo disposición especial de esta Constitución.
Los periodos de los poderes públicos estatales y municipales serán fijados por la ley nacional y no serán menores de dos años ni mayores de cinco.

Capítulo II. De la competencia del Poder Nacional

Artículo 136. Es de la competencia del Poder Nacional:
1. La actuación internacional de la República;
2. La defensa y suprema vigilancia de los intereses generales de la República, la conservación de la paz pública y la recta aplicación de las leyes en todo el territorio nacional;
3. La bandera, escudo de armas, himno, fiestas, condecoraciones y honores de carácter nacional;

4. La naturalización, admisión, extradición y expulsión de extranjeros;

5. Los servicios de identificación y de policía nacional;

6. La organización y régimen del Distrito Federal y de los Territorios y Dependencias Federales;

7. El sistema monetario y la circulación de la moneda extranjera;

8. La organización, recaudación y control de los impuestos a la renta, al capital y a las sucesiones y donaciones; de las contribuciones que gravan la importación, las de registro y timbre fiscal y las que recaigan sobre la producción y consumo de bienes que total o parcialmente la ley reserva al Poder Nacional, tales como las de alcohol, licores, cigarrillos, fósforos y salinas; las de minas e hidrocarburos y los demás impuestos, tasas y rentas no atribuidos a los Estados y a los Municipios, que con carácter de contribuciones nacionales creare la ley;

9. La organización y régimen de aduanas;

10. El régimen y administración de las minas e hidrocarburos, salinas, tierras baldías y ostrales de perlas; la conservación, fomento y aprovechamiento de los montes, aguas y otras riquezas naturales del país. El Ejecutivo Nacional podrá, en conformidad con la ley, vender, arrendar o dar en adjudicación gratuita los terrenos baldíos; pero no podrá enajenar las salinas, ni otorgar concesiones mineras por tiempo indefinido.

La ley establecerá un sistema de asignaciones económicas especiales en beneficio de los Estados en cuyo territorio se encuentren situados los bienes que se mencionan en este ordinal; sin perjuicio de que también puedan establecerse asignaciones especiales en beneficio de otros Estados. En todo caso, dichas asignaciones estarán sujetas a las normas de coordinación previstas en el **Artículo 229** de esta Constitución.

Los baldíos existentes en las islas marítimas, fluviales o lacustres no podrán enajenarse, y su aprovechamiento solo podrá concederse en forma que no envuelva, directa ni indirectamente, la transferencia de la propiedad de la tierra.

11. La organización y régimen de las Fuerzas Armadas Nacionales;

12. El régimen de pesas y medidas;

13. El censo y la estadística nacionales;

14. El establecimiento, coordinación y unificación de normas y procedimientos técnicos para obras de ingeniería, de arquitectura y de urbanismo;

15. La ejecución de obras públicas de interés nacional;

16. Las directivas y bases de la educación nacional;

17. La dirección técnica, el establecimiento de normas administrativas y la coordinación de los servicios destinados a la defensa de la salud pública. La ley podrá establecer la nacionalización de estos servicios públicos de acuerdo con el interés colectivo;

18. La conservación y fomento de la producción agrícola, ganadera, pesquera y forestal;

19. El fomento de la vivienda popular;

20. Lo relativo al transporte terrestre, a la navegación aérea, marítima, fluvial y lacustre y a los muelles y demás obras portuarias;

21. La apertura y conservación de las vías de comunicación nacionales; los cables aéreos de tracción y las vías férreas, aunque estén dentro de los límites de un Estado, salvo que se trate de tranvías o cables de tracción urbanos cuya concesión y reglamentación compete a los respectivos Municipios;

22. El correo y las telecomunicaciones;

23. La administración de justicia y la creación, organización y competencia de los tribunales; el Ministerio Público;

24. La legislación reglamentaria de las garantías que otorga esta Constitución; la legislación civil, mercantil, penal, penitenciaria y de procedimientos; la de elecciones; la de expropiación por cansa de utilidad pública o social; la de crédito público; la de propiedad intelectual, artística e industrial; la legislación agraria; la de inmigración y colonización; la de turismo; la del trabajo, previsión y seguridad sociales; la de sanidad animal y vegetal; la de notarias y registro público; la de bancos y demás instituciones de crédito; la de loterías, hipódromos y apuestas en general y la relativa a todas las materias de la competencia nacional;

25. Toda otra materia que la presente Constitución atribuya al Poder Nacional o que le corresponda por su índole o naturaleza.

Artículo 137. El Congreso, por el voto de las dos terceras partes de los miembros de cada Cámara, podrá atribuir a los Estados o a los Municipios determinadas materias de la competencia nacional, a fin de promover la descentralización administrativa.

Título V. Del Poder Legislativo Nacional

Capítulo I. Disposiciones generales

Artículo 138. El Poder Legislativo se ejerce por el Congreso, integrado por dos Cámaras: el Senado y la Cámara de diputados.
El Senado y la Cámara de diputados se reunirán en sesión conjunta en los casos señalados por esta Constitución y las leyes, y para dictar el reglamento del Congreso cuando ambas Cámaras lo decidan por estimarlo necesario.
El presidente del Senado y el de la Cámara de diputados presidirán el Congreso con el carácter de presidente y vicepresidente respectivamente. El reglamento establecerá las formas de suplir sus faltas temporales y accidentales.
La Comisión Delegada del Congreso y las demás Comisiones que las Cámaras formen con sus miembros ejercerán las funciones que les atribuyan esta Constitución y los reglamentos.

Artículo 139. Corresponde al Congreso legislar sobre las materias de la competencia nacional y sobre el funcionamiento de las distintas ramas del Poder Nacional. Es privilegio del Congreso decretar amnistías, lo que hará por ley especial.
El Congreso ejerce también el control de la Administración Pública Nacional en los términos establecidos por esta Constitución.

Artículo 140. No podrán ser elegidos senadores o diputados:
1. El presidente de la República, los ministros, el secretario de la Presidencia de la República y los presidentes y directo-

res de institutos autónomos hasta tres meses después de la separación absoluta de sus cargos;

2. Los gobernadores y secretarios de Gobierno de los Estados, Distrito Federal y Territorios Federales hasta tres meses después de la separación absoluta de sus cargos si la representación corresponde a su jurisdicción o mientras ejerzan el cargo si se trata de otra jurisdicción; y

3. Los funcionarios o empleados nacionales, estatales o municipales, de institutos autónomos o de empresas en las cuales el Estado tenga participación decisiva, cuando la elección tenga lugar en la jurisdicción en la cual actúan, salvo si se trata de cargo accidental, electoral, asistencial, docente o académico, o de representación legislativa o municipal.

La ley podrá establecer la inelegibilidad de algunos funcionarios electorales.

Artículo 141. Los senadores y diputados podrán aceptar cargos de ministro, secretario de la Presidencia de la República, gobernador, jefe de misión diplomática o presidente del Instituto Autónomo sin perder su investidura.

Para desempeñarlos deberán separarse de la respectiva Cámara, pero podrán reincorporarse al cesar en esas funciones. La aceptación de diversos mandatos de elección popular, en lo casos en que lo permitan las leyes, no autoriza el ejercicio simultaneo de los mismos.

Artículo 142. No podrá exigirse responsabilidad en ningún tiempo a los senadores ni a los diputados por votos y opiniones emitidos en el ejercicio de sus locuciones. Solo responderán ante el respectivo cuerpo de acuerdo con esta Constitución y los reglamentos.

Artículo 143. Los senadores y diputados gozarán de inmunidad desde la fecha de su proclamación hasta veinte días después de concluido su mandato o de la renuncia del mismo, y, en consecuencia, no podrán ser arrestados, detenidos, confinados ni sometidos a juicio penal, a registro personal o domiciliario, ni coartados en el ejercicio de sus funciones.
En caso de delito flagrante de carácter grave cometido por un senador o diputado, la autoridad competente lo pondrá bajo custodia en su residencia y comunicará inmediatamente el hecho a la Cámara respectiva o a la Comisión Delegada con una información debidamente circunstanciada. Esta medida cesará si dentro del término de noventa y seis horas la Cámara respectiva o la Comisión Delegada no autoriza que continúe en ese estado mientras se decida sobre el allanamiento.
Los funcionarios o empleados públicos que violen la inmunidad de los senadores y diputados incurrirán en responsabilidad penal y serán castigados de conformidad con la Ley.

Artículo 144. El Tribunal que conozca de acusaciones o denuncias contra algún miembro del Congreso practicará las diligencias sumariales necesarias y las pasará a la Corte Suprema de Justicia a los fines del ordinal 2 del **Artículo** 215 de esta Constitución.
Si la Corte declara que hay mérito para la continuación de la causa, no habrá lugar al enjuiciamiento sin que preceda el allanamiento del indiciado por la Cámara respectiva o por la Comisión Delegada.

Artículo 145. Las Cámaras o la Comisión Delegada no podrán acordar el allanamiento sino en sesión expresamente convocada con no menos de veinticuatro horas de anticipación, y mediante acuerdo razonado aprobado por la mayoría absoluta de sus miembros.

Artículo 146. En los casos en que el allanamiento hubiere sido acordado por la Comisión Delegada, la Cámara respectiva podrá revocarlo en las sesiones inmediatas siguientes.

Artículo 147. La inmunidad parlamentaria se suspende para el senador o diputado mientras desempeñe cargo público cuyo ejercicio acarree separación de la Cámara o mientras goce de licencia por el tiempo de esta que exceda de veinte días, siempre que preceda la convocatoria del suplente respectivo, de acuerdo con el reglamento.
Los suplentes gozarán de inmunidad mientras estén en ejercicio de la representación, a partir de la convocatoria y hasta veinte días después de concluido aquel ejercicio.

Capítulo II. Del Senado

Artículo 148. Para formar el Senado se elegirán por votación universal y directa dos senadores por cada Estado y dos por el Distrito Federal, más los senadores adicionales que resulten de la aplicación del principio de la representación de las minorías según establezca la ley, la cual determinará también el número y forma de elección de los suplentes.
Son además miembros del Senado los ciudadanos que hayan desempeñado la Presidencia de la República por elección popular o la hayan ejercido, conforme al **Artículo** 187 de esta Constitución por más de la mitad de un periodo, a menos que hayan sido condenados por delitos cometidos en el desempeño de sus funciones.

Artículo 149. Para ser senador se requiere ser venezolano por nacimiento y mayor de treinta años.

Artículo 150. Son atribuciones del Senado:
1. Iniciar la discusión de los proyectos de ley relativos a tratados y convenios internacionales;
2. Autorizar al Ejecutivo Nacional para enajenar bienes inmuebles del dominio privado de la Nación con las excepciones que establezca la ley;
3. Autorizar a los funcionarios o empleados públicos para aceptar cargos, honores o recompensas de gobiernos extranjeros;
4. Autorizar el empleo de misiones militares venezolanas en el exterior o extranjeras en el país, a solicitud del Ejecutivo Nacional;
5. Autorizar el ascenso de oficiales de las Fuerzas Armadas, desde coronel o capitán de Navío, inclusive;
6. Autorizar al presidente de la República para salir del territorio nacional;
7. Autorizar el nombramiento del procurador general de la República, y de los jefes de misiones diplomáticas permanentes;
8. Autorizar, por el voto de la mayoría de sus miembros, el enjuiciamiento del presidente de la República, previa declaratoria de la Corte Suprema de Justicia de que hay mérito para ello. Autorizado el enjuiciamiento, el presidente de la República quedará suspendido en el ejercicio de sus funciones;
9. Acordar a los venezolanos ilustres que hayan prestado servicios eminentes a la República, los honores del Panteón Nacional, después de transcurridos veinticinco años de su fallecimiento;

10. Las demás que le señalen esta Constitución y las leyes.

Capítulo III. De la Cámara de diputados

Artículo 151. Para formar la Cámara de diputados se elegirán, por votación universal y directa, y con representación proporcional de las minorías, los diputados que determine la ley según la base de población requerida, la cual no podrá exceder del uno por ciento de la población total del país.
La ley fijará el número y forma de elección de los suplentes.
En cada Estado se elegirán por lo menos dos diputados.
En cada Territorio Federal se elegirá un diputado.

Artículo 152. Para ser diputado se requiere ser venezolano por nacimiento y mayor de veintiún años.

Artículo 153. Son atribuciones de la Cámara de diputados:
1. Iniciar la discusión del presupuesto y de todo proyecto de ley concerniente al régimen tributario;
2. Dar voto de censura a los ministros.
La mención de censura solo podrá ser discutida dos días después de presentada a la Cámara, la cual podrá decidir, por las dos terceras partes de los diputados presentes, que el voto de censura acarrea la remoción del ministro. Podrá, además, ordenar su enjuiciamiento;
3. Las demás que le señalen esta Constitución y las leyes.

Capítulo IV. Disposiciones comunes

Artículo 154. Las sesiones ordinarias de las Cámaras comenzarán, sin necesidad de previa convocatoria, el día 2 de marzo de cada año o el día posterior más inmediato posible y durarán hasta el 6 de julio siguiente.

Dichas sesiones ordinarias se reanudarán cada año desde el día 1 de octubre, o el día posterior más inmediato posible, hasta el día 30 de noviembre, ambos inclusive. En el último año del periodo constitucional las sesiones ordinarias durarán desde el 2 de marzo hasta el 15 de agosto. En todo caso, las Cámaras en sesión conjunta con el voto de la mayoría absoluta de sus miembros, podrán prorrogar estos términos, cuando ello fuere necesario, para el despacho de las materias pendientes.

Artículo 155. El Congreso se reunirá en sesiones extraordinarias para tratar las materias expresadas en la convocatoria y las que le fueren conexas.

También podrá considerar las que fueren declaradas de urgencia por cualquiera de las Cámaras

Artículo 156. Los requisitos y procedimientos para la instalación y demás sesiones de las Cámaras, y para el funcionamiento de sus comisiones, serán determinados por el reglamento.

El quorum no podrá ser en ningún caso inferior a la mayoría absoluta de los miembros de cada Cámara.

Artículo 157. Las Cámaras se instalarán y clausurarán simultáneamente, y deberán funcionar en una misma población. Toda divergencia que entre ellas ocurra será resuelta en sesión conjunta, por el voto de la mayoría absoluta de los presentes.

Artículo 158. Son atribuciones privativas de cada uno de los cuerpos legislativos:

1. Dictar su reglamento y aplicar las sanciones que en el se establezcan para quienes lo infrinjan.

La separación temporal de un senador o un diputado solo podrá acordarse por el voto de las dos terceras partes de los presentes;

2. Calificar a sus miembros y conocer de sus renuncias;

3. Organizar su servicio de policía;

4. Remover los obstáculos que se opongan al ejercicio de sus funciones;

5. Acordar y ejecutar su presupuesto de gastos con base a la partida anual que se fije en la ley respectiva;

6. Ejecutar y mandar ejecutar las resoluciones concernientes a su funcionamiento y a las atribuciones privativas anteriormente anunciadas.

Artículo 159. Los actos de los cuerpos legislativos en ejercicio de sus atribuciones privativas no estarán sometidos al veto, examen o control de los otros poderes, salvo lo que esta Constitución establece sobre extralimitación de atribuciones.

Artículo 160. Los cuerpos legislativos o sus Comisiones podrán realizar las investigaciones que juzguen convenientes, en conformidad con el reglamento.

Todos los funcionarios de la administración pública y de los institutos autónomos están obligados, bajo las sanciones que establezcan las leyes, a comparecer ante ellos y a suministrarles las informaciones y documentos que requieran para el cumplimiento de sus funciones.

Esta obligación incumbe también a los particulares, quedando a salvo los derechos y garantías que esta Constitución establece.

En todo caso se notificará al interesado el objeto de su citación con cuarenta y ocho horas de anticipación, cuando menos.

Artículo 161. El ejercicio de la facultad de investigación a que se refiere el **Artículo** anterior no afecta las atribuciones que correspondan al Poder Judicial de acuerdo con esta Constitución y las leyes.

Los jueces estarán obligados a evacuar las pruebas para las cuales reciban comisión de los cuerpos legislativos.

Capítulo V. De la formación de las Leyes

Artículo 162. Los actos que sancionen las Cámaras como cuerpos colegisladores se denominarán leyes. Las leyes que reúnan sistemáticamente las normas relativas a determinada materia podrán denominarse Códigos.

Artículo 163. Son leyes orgánicas las que así denomina esta Constitución y las que sean investidas con tal carácter por la mayoría absoluta de los miembros de cada Cámara al iniciarse en ellas el respectivo proyecto de ley.

Las leyes que se dicten en materias reguladas por leyes orgánicas se someterán a las normas de estas.

Artículo 164. Los proyectos de ley pueden ser presentados en cualquiera de las Cámaras, salvo los que por disposición especial de esta Constitución hayan de iniciarse necesariamente, bien en el Senado o bien en la Cámara de diputados.

Artículo 165. La iniciativa de las leyes corresponde:
1. A la Comisión Delegada del Congreso o a las Comisiones Permanentes de cualquiera de las Cámaras.
2. Al Ejecutivo nacional.
3. A los senadores o diputados en número no menor de tres.
4. A la Corte Suprema de Justicia, cuando se trate de leyes relativas a la organización y procedimiento judiciales.
5. A un número no menor de veinte mil electores identificados de acuerdo con la ley.

Artículo 166. Todo proyecto de ley recibirá en cada Cámara no menos de dos discusiones, en días diferentes y en Cámara plena, de acuerdo con las reglas establecidas en esta Constitución y en los reglamentos respectivos.

Artículo 167. Aprobado el proyecto en una de las Cámaras, pasará a la otra. Si esta lo aprobare, sin modificaciones, quedará sancionada la ley. Si lo aprobare con modificaciones se devolverá a la Cámara de origen.
Si la Cámara de origen aceptare dichas modificaciones, quedará sancionada la ley. En caso contrario, las Cámaras en sesión conjunta decidirán por mayoría de votos lo que fuere procedente respecto de los artículos en que hubiere discrepancias, y de los que tuvieren conexión con estos, pudiendo acordarse una redacción diferente de las adoptadas en una y otra cámara. Resueltas las discrepancias, la Presidencia declarará sancionada la ley.

Artículo 168. El proyecto de ley aprobado por una de las Cámaras podrá serlo por la otra en una sola discusión cuando sea declarado de urgencia por las dos terceras partes de sus miembros.

Artículo 169. Los proyectos rechazados no podrán ser considerados de nuevo en ninguna de las Cámaras durante las sesiones del mismo año, a menos que fueren presentados por la mayoría absoluta de una de ellas.
La discusión de los proyectos que quedaren pendientes al término de las sesiones podrá continuarse en las sesiones siguientes si así se decidiere por la Cámara respectiva.

Artículo 170. Los ministros tienen derecho de palabra en la discusión de las leyes. Igual derecho tiene, en la discusión de las leyes relativas a la organización y procedimiento judiciales, el Magistrado de la Corte Suprema de Justicia a quien esta designe al efecto.

Artículo 171. Al texto de las leyes precederá la siguiente fórmula: «El Congreso de la República de Venezuela, Decreta».

Artículo 172. Una vez sancionada la ley se extenderá por duplicado, con la redacción final que haya resultado de las discusiones. Ambos ejemplares serán firmados por el presidente, el vicepresidente y los secretarios del Congreso, y llevarán la fecha de su definitiva aprobación. A los fines de su promulgación, uno de dichos ejemplares será enviado por el presidente del Congreso al presidente de la República.

Artículo 173. El presidente de la República promulgará la ley dentro de los diez días siguientes a aquel en que la haya recibido, pero dentro de ese lapso podrá, con acuerdo del Consejo de ministros, pedir al Congreso su reconsideración, mediante exposición razonada, a fin de que modifique algunas de sus disposiciones o levante la sanción a toda la ley o a parte de ella.

Las Cámaras en sesión conjunta decidirán acerca de los puntos planteados por el presidente de la República y podrán dar a las disposiciones objetadas y a las que tengan conexión con ellas una nueva redacción.

Cuando la decisión se hubiere adoptado por las dos terceras partes de los presentes, el presidente de la República procederá a la promulgación de la ley dentro de los cinco días siguientes a su recibo, sin poder formular nuevas observaciones.

Cuando la decisión se hubiere tomado por simple mayoría, el presidente de la República podrá optar entre promulgar la ley o devolverla al Congreso dentro del mismo plazo de cinco días para una nueva y última reconsideración. La decisión de las Cámaras en sesión conjunta será definitiva, aun por simple mayoría, y la promulgación de la ley deberá hacerse dentro de los cinco días siguientes a su recibo.

En todo caso, si la objeción se hubiere fundado en la inconstitucionalidad, el presidente de la República podrá, dentro del término fijado para promulgar la ley, ocurrir a la Corte Suprema de Justicia, solicitando su decisión acerca de la inconstitucionalidad alegada. La Corte decidirá en el término de diez días, contados desde el recibo de la comunicación del presidente de la República. Si la Corte negare la inconstitucionalidad invocada, o no decidiere dentro del término anterior, el presidente de la República deberá promulgar la ley dentro de los cinco días siguientes a la decisión de la Corte o al vencimiento de dicho término.

Artículo 174. La ley quedará promulgada al publicarse con el correspondiente «Cúmplase» en la GACETA OFICIAL DE LA REPÚBLICA.

Artículo 175. Cuando el presidente de la República no promulgare la ley en los términos señalados, el presidente y el vicepresidente del Congreso procederán a su promulgación, sin perjuicio de la responsabilidad en que aquel incurra por su omisión.
En este caso la promulgación de la ley podrá hacerse en la GACETA OFICIAL DE LA REPÚBLICA o en la Gaceta del Congreso.

Artículo 176. La oportunidad en que deba ser promulgada la ley aprobatoria de un tratado, de un acuerdo o de un convenio internacional, queda a la discreción del Ejecutivo Nacional, en conformidad con los usos internacionales y la conveniencia de la República.

Artículo 177. La leyes solo se derogan por otras leyes, y podrán ser reformada total o parcialmente.
La ley que sea objeto de reforma parcial se publicará en un solo texto que incorpore las modificaciones aprobadas.

Capítulo VI. De la Comisión Delegada del Congreso

Artículo 178. Durante el receso de las Cámaras funcionará una Comisión integrada por el presidente, el vicepresidente y veintiún miembros del Congreso, quienes, con sus correspondientes suplentes, serán elegidos de modo que reflejen en lo posible la composición política del Congreso. El reglamento respectivo establecerá la forma y oportunidad de elección de la Comisión Delegada y su régimen interno.

Artículo 179. Son atribuciones de la Comisión Delegada del Congreso:
1. Velar por la observancia de la Constitución y el respeto a las garantías ciudadanas, y acordar para estos fines las medidas que sean procedentes;
2. Ejercer las funciones de investigación atribuidas a los órganos legislativos;
3. Designar comisiones especiales integradas por miembros del Congreso;
4. Convocar al Congreso a sesiones extraordinarias cuando así lo exija la importancia de algún asunto;
5. Autorizar al Ejecutivo Nacional, y por el voto favorable de las dos terceras partes de sus miembros, para crear, modificar o suprimir servicios públicos, en caso de urgencia comprobada;
6. Autorizar al Ejecutivo Nacional para decretar créditos adicionales al Presupuesto;
7. Autorizar al presidente de la República para salir temporalmente del territorio nacional;
8. Las demás que le atribuyan esta Constitución y las leyes.

Artículo 180. La Comisión Delegada informará de sus actuaciones al Congreso.

Título VI. Del Poder Ejecutivo Nacional

Capítulo I. Del presidente de la República

Artículo 181. El Poder Ejecutivo se ejerce por el presidente de la República y los demás funcionarios que determinen esta Constitución y las leyes.
El presidente de la República es el jefe del Estado y del Ejecutivo Nacional.

Artículo 182. Para ser elegido presidente de la República se requiere ser venezolano por nacimiento, mayor de treinta años y de estado seglar.

Artículo 183. La elección del presidente de la República se hará por votación universal y directa, en conformidad con la ley. Se proclamará electo al candidato que obtenga mayoría relativa de votos.

Artículo 184. No podrá ser elegido presidente de la República quien esté en ejercicio de la Presidencia para el momento de la elección, o lo haya estado durante más de cien días en el año inmediatamente anterior, ni sus parientes dentro del tercer grado de consanguinidad o segundo de afinidad.
Tampoco podrá ser elegido presidente de la República quien esté en ejercicio del cargo de ministro, gobernador o secretario de la Presidencia de la República en el día de su postulación o en cualquier momento entre esta fecha y la de la elección.

Artículo 185. Quien haya ejercido la Presidencia de la República por un periodo constitucional o por más de la mitad del mismo, no puede ser nuevamente presidente de la República ni desempeñar dicho cargo dentro de los diez años siguientes a la terminación de su mandato.

Artículo 186. El candidato electo tomará posesión del cargo de presidente de la República mediante juramento ante las Cámaras reunidas en sesión conjunta, dentro de los diez primeros días de aquel en que deben instalarse en sus sesiones ordinarias del año en que comience el periodo constitucional. Si por cualquier circunstancia no pudiere prestar el juramento ante las Cámaras en sesión conjunta, lo hará ante la Corte Suprema de Justicia. Cuando el presidente electo no tomare posesión dentro del término previsto en este **Artículo,** el presidente saliente resignará sus poderes ante la persona llamada a suplirlo provisionalmente en caso de falta absoluta, según el **Artículo** siguiente, quien los ejercerá con el carácter de Encargado de la Presidencia de la República hasta que el primero asuma el cargo.

Artículo 187. Cuando se produzca falta absoluta del presidente electo antes de tomar posesión, se procederá a nueva elección universal y directa en la fecha que señalen las Cámaras en sesión conjunta.
Cuando la falta absoluta se produzca después de la toma de posesión, las Cámaras procederán, dentro de los treinta días siguientes, a elegir, por votación secreta y en sesión conjunta convocada expresamente, un nuevo presidente por el resto del periodo constitucional. En este caso no se aplicará lo dispuesto en el único aparte del **Artículo** 184.

En uno y otro caso, mientras se elige y toma posesión el nuevo presidente se encargará de la Presidencia de la República el presidente del Congreso; a falta de este, el vicepresidente del mismo, y, en su defecto, el presidente de la Corte Suprema de Justicia.

Artículo 188. Las faltas temporales de presidente de la República las suplirá el ministro que él mismo designe, y, en su defecto, la persona llamada a suplir las faltas absolutas según el **Artículo** anterior. Si la falta temporal se prolonga por más de noventa días consecutivos, las Cámaras, en sesión conjunta, decidirán si debe considerarse que hay falta absoluta.

Artículo 189. El presidente, o quien haga sus veces, no podrá salir del territorio nacional sin autorización del Senado o de la Comisión Delegada.
Tampoco podrá hacerlo sin dicha autorización, dentro de los seis meses siguientes a la fecha en que haya cesado en sus funciones.

Capítulo II. De las atribuciones del presidente de la República

Artículo 190. Son atribuciones y deberes del presidente de la República:
1. Hacer cumplir esta Constitución y las leyes;
2. Nombrar y remover los ministros;
3. Ejercer, en su carácter de Comandante en Jefe de las Fuerzas Armadas Nacionales, la suprema autoridad jerárquica de ellas:
4. Fijar el contingente de las Fuerzas Armadas Nacionales;

5. Dirigir las relaciones exteriores de las República y celebrar y ratificar los tratados, convenios o acuerdos internacionales;

6. Declarar el estado de emergencia y decretar la restricción o suspensión de garantías en los casos previstos en esta Constitución;

7. Adoptar las medidas necesarias para la defensa de la República, la integridad del territorio y de su soberanía, en caso de emergencia internacional;

8. Dictar medidas extraordinarias en materia económica o financiera cuando así lo requiera el interés público y haya sido autorizado para ello por ley especial;

9. Convocar al Congreso a sesiones extraordinarias;

10. Reglamentar total o parcialmente las leyes, sin alterar su espíritu, propósito y razón:

11. Decretar en caso de urgencia comprobada, durante el receso del Congreso, la creación y dotación de nuevos servicios públicos, o la modificación o supresión de los existentes, previa autorización de la Comisión Delegada;

12. Administrar la Hacienda Pública Nacional;

13. Negociar los empréstitos nacionales;

14. Decretar créditos adicionales al Presupuesto, previa autorización de las Cámaras en sesión conjunta o de la Comisión Delegada;

15. Celebrar los contratos de interés nacional permitidos por esta Constitución y las leyes;

16. Nombrar, previa autorización del Senado o de la Comisión Delegada del Congreso, el procurador general de la República y los jefes de misiones diplomáticas permanentes;

17. Nombrar y remover los gobernadores del Distrito Federal y de los Territorios Federales;

18. Nombrar y remover, de conformidad con la ley, los funcionarios y empleados nacionales cuya designación no esté atribuida a otra autoridad;

19. Reunir en convención a todos o algunos de los gobernadores de las entidades y federales para la mejor coordinación de los planes y labores de la administración pública;

20. Dirigir al Congreso, personalmente o por uno de sus ministros, informes o mensajes especiales;

21. Conceder indultos;

22. Las demás que le señalen esta Constitución y las leyes;

El presidente de la República ejercerá en Consejo de ministros las atribuciones señaladas en los ordinales 6, 7, 8, 9, 11, 13, 14 y 15 y las que le atribuya la ley para ser ejercidas en igual forma.

Los actos del presidente de la República, con excepción de los señalados en los ordinales 2 y 3 de este **Artículo**, deberán ser refrendados para su validez por el ministro o ministros respectivos.

Artículo 191. Dentro de los diez primeros días siguientes a la instalación del Congreso; en sesiones ordinarias, el presidente de la República, personalmente o por medio de uno de los ministros, presentará cada año, a las Cámaras reunidas en sesión conjunta, un Mensaje en que dará cuenta de los aspectos políticos y administrativos de su gestión durante el año inmediatamente anterior. En dicho Mensaje el presidente expondrá los lineamientos del plan de desarrollo económico y social de la Nación.

El Mensaje correspondiente al último año del periodo constitucional deberá ser presentado dentro de los cinco primeros días siguientes a la instalación del Congreso.

Artículo 192. El presidente de la República es responsable de sus actos, de conformidad con esta Constitución y las leyes.

Capítulo III. De los ministros

Artículo 193. Los ministros son los órganos directos del presidente de la República, y reunidos integran el Consejo de ministros. El presidente de la República presidirá las reuniones del Consejo de ministros, pero podrá designar a un ministro para que la presida cuando no pueda asistir a ellas. En este caso, las decisiones tomadas no serán validas si no son confirmadas por el presidente de la República.
La ley orgánica determinará el número y organización de los Ministerios y su respectiva competencia, así como también la organización y funcionamiento del Consejo de ministros.

Artículo 194. El presidente de la República podrá nombrar ministros de Estado sin asignarles despacho determinado. Además de participar en el Consejo de ministros y de asesorar al presidente de la República en los asuntos que este les confíe, los ministros de Estado podrán tener a su cargo las materias que les atribuyan por ley.

Artículo 195. Para ser ministro se requiere ser venezolano por nacimiento, mayor de treinta años y de estado seglar.

Artículo 196. Los ministros son responsables de sus actos, de conformidad con esta Constitución y las leyes, aun en el caso de que obren por orden expresa del presidente. De las decisiones del Consejo de ministros serán solidariamente responsables los ministros que hubieren concurrido, salvo aquellos que hayan hecho constar su voto adverso o negativo.

Artículo 197. Cada ministro presentará a las Cámaras en sesión conjunta, dentro de los diez primeros días de las sesiones ordinarias, una Memoria razonada y suficiente sobre la gestión del Despacho en el año civil inmediatamente anterior y sobre sus planes para el año siguiente. Presentará también la cuenta de los fondos que hubiese manejado. Las Memorias correspondientes al último año del periodo constitucional deberán ser presentadas dentro de los cinco primeros días siguientes a la instalación del Congreso.

Artículo 198. Ningún pronunciamiento de los cuerpos legislativos sobre las Memorias y Cuentas libera de responsabilidad al ministro por los actos del respectivo Despacho. En todo caso, y mientras no se haya consumado la prescripción, podrán aquellos proceder a la investigación y examen de dichos actos, aun cuando estos correspondan a ejercicios anteriores.

Artículo 199. Los ministros tienen derecho de palabra en las Cámaras y en sus Comisiones, y están obligados a concurrir a ellas cuando sean llamados a informar o a contestar las interpelaciones que se les hagan.

Capítulo IV. De la Procuraduría general de la República

Artículo 200. La Procuraduría general de la República estará a cargo y bajo la dirección del procurador general de la República, con la colaboración de los demás funcionarios que determine la ley.

Artículo 201. El procurador general de la República deberá reunir las mismas condiciones exigidas para ser Magistrado de la Corte Suprema de Justicia, y será nombrado por el presidente de la República con la autorización del Senado.
Si durante el receso de las Cámaras se produjere falta absoluta del procurador general de la República el presidente de la República hará nueva designación con la autorización de la Comisión Delegada del Congreso. Las faltas temporales y accidentales serán llenadas en la forma que determine la ley.

Artículo 202. Corresponde a la Procuraduría general de la República:
1. Representar y defender judicialmente y extrajudicialmente los intereses patrimoniales de la República.
2. Dictaminar en los casos y con los efectos señalados en las leyes.
3. Asesorar jurídicamente a la Administración Pública Nacional.
4. Lo demás que le atribuyan las leyes.
Todos los servicios de asesoría jurídica de la Administración Pública Nacional colaborarán con el procurador general de la República en el cumplimiento de sus atribuciones, en la forma que determine la ley.

Artículo 203. El procurador general de la República podrá asistir, con derecho a voz, a las reuniones del Consejo de ministros cuando a ellas sea convocado por el presidente de la República

Título VII. Del Poder Judicial y del Ministerio Público

Capítulo I. Disposiciones generales

Artículo 204. El Poder Judicial se ejerce por la Corte Suprema de Justicia y por los demás Tribunales que determine la ley orgánica.

Artículo 205. En el ejercicio de sus funciones los jueces son autónomos e independientes de los demás órganos del Poder Público.

Artículo 206. La jurisdicción contencioso-administrativa corresponde a la Corte Suprema de Justicia y a los demás Tribunales que determine la ley.
Los órganos de la jurisdicción contencioso-administrativa son competentes para anular los actos administrativos generales o individuales contrarios a derecho, incluso por desviación de poder; condenar al pago de sumas de dinero y a la reparación de daños y perjuicios originados en responsabilidad de la administración, y disponer lo necesario para el restablecimiento de las situaciones jurídicas subjetivas lesionadas por la actividad administrativa.

Artículo 207. La ley proveerá lo conducente para el establecimiento de la carrera judicial y para asegurar la idoneidad, estabilidad e independencia de los jueces, y establecerá las normas relativas a la competencia, organización y funcionamiento de los Tribunales en cuanto no esté previsto en esta Constitución.

Artículo 208. Los jueces no podrán ser removidos ni suspendidos en el ejercicio de sus funciones sino en los casos y mediante el procedimiento que determine la ley.

Artículo 209. Las demás autoridades de la República, prestarán a los jueces la colaboración que estos requieran para el mejor cumplimiento de sus funciones.

Artículo 210. La ley determinará lo relativo a la inspección del funcionamiento de los Tribunales, a los medios de atender a sus necesidades funcionales y administrativas y a la organización de los servicios auxiliares de la justicia, todo ello sin menoscabo de la autonomía e independencia de los jueces.

Capítulo II. De la Corte Suprema de Justicia

Artículo 211 . La Corte Suprema de Justicia es el más alto Tribunal de la República. Contra sus decisiones no se oirá ni admitirá recurso alguno.

Artículo 212. La Corte Suprema de Justicia funcionará en Salas, cuya integración y competencia será determinada por la ley. Cada Sala tendrá, por lo menos, cinco Magistrados.

Artículo 213. Para ser Magistrado de la Corte Suprema de Justicia se requiere ser venezolano por nacimiento, abogado y mayor de treinta años.

Además de estas condiciones, la ley orgánica podrá exigir el ejercicio de la profesión, de la judicatura o del profesorado universitario en materia jurídica por determinado tiempo.

Artículo 214. Los Magistrados de la Corte Suprema de Justicia serán elegidos por las Cámaras en sesión conjunta por periodos de nueve años, pero se renovarán por terceras partes cada tres años. En la misma forma serán nombrados los Suplentes para llenar las faltas absolutas de los Magistrados; sus faltas temporales o accidentales serán provistas en la forma que determine la ley.

Artículo 215. Son atribuciones de la Corte Suprema de Justicia:

1. Declarar si hay o no mérito para el enjuiciamiento del presidente de la República o quien haga sus veces, y, en caso afirmativo, continuar conociendo de la causa, previa autorización del Senado, hasta sentencia definitiva;

2. Declarar si hay o no mérito para el enjuiciamiento de los miembros del Congreso o de la propia Corte, de los ministros, el fiscal general, el procurador general o el contralor general de la República, los gobernadores y los jefes de misiones diplomáticas de la República y, en caso afirmativo, pasar los autos al Tribunal ordinario competente, si el delito fuere común, o continuar conociendo de la causa hasta sentencia definitiva, cuando se trate de delitos políticos, salvo lo dispuesto en el **Artículo 144** con respecto a los miembros del Congreso;

3. Declarar la nulidad total o parcial de las leyes nacionales y demás actos de los cuerpos legislativos que colidan con esta Constitución;

4. Declarar la nulidad total o parcial de las leyes estatales, de las ordenanzas municipales y demás actos de los cuerpos deliberantes de los Estados o Municipios que colidan con esta Constitución;
5. Resolver las colisiones que existan entre diversas disposiciones legales y declarar cual de estas debe prevalecer;
6. Declarar la nulidad de los reglamentos y demás actos del Ejecutivo Nacional cuando sean violatorios de esta Constitución;
7. Declarar la nulidad de los actos administrativos del Ejecutivo Nacional, cuando sea procedente;
8. Dirimir las controversias en que una de las partes sea la República o algún Estado o Municipio, cuando la otra parte sea alguna de esas mismas entidades, a menos que se trate de controversias entre Municipios de un mismo Estado, caso en el cual la ley podrá atribuir su conocimiento a otro tribunal;
9. Decidir los conflictos de competencia entre Tribunales, sean ordinarios o especiales, cuando no exista otro tribunal superior y común a ellos en el orden jerárquico:
10. Conocer del recurso de casación;
11. Las demás que le atribuya la ley.

Artículo 216. Las atribuciones señaladas en los ordinales 1 al 6 del **Artículo** anterior las ejercerá la Corte en pleno. Sus decisiones serán tomadas por mayoría absoluta de la totalidad de sus Magistrados.
La ley orgánica podrá conferir las atribuciones señaladas en los ordinales 2, 3, 4, 5 y 6 a una Sala Federal presidida por el presidente de la Corte e integrada por los Magistrados que tengan competencia en lo contencioso-administrativo y por un número no menor de dos representantes de cada una de las otras Salas.

Capítulo III. Del Consejo de la Judicatura

Artículo 217. La ley orgánica respectiva creará el Consejo de la Judicatura, cuya organización y atribuciones fijará con el objeto de asegurar la independencia, eficacia, disciplina y decoro de los Tribunales y de garantizar a los jueces los beneficios de la carrera judicial. En el deberá darse adecuada representación a las otras ramas del Poder Público.

Capítulo IV. Del Ministerio Público

Artículo 218. El Ministerio Público velará por la exacta observancia de la Constitución y de las leyes, y estará a cargo y bajo la dirección y responsabilidad del fiscal general de la República, con el auxilio de los funcionarios que determine la ley orgánica.

Artículo 219. El fiscal general de la República deberá reunir las mismas condiciones que los Magistrados de la Corte Suprema de Justicia, y será elegido por las Cámaras reunidas en sesión conjunta dentro de los primeros treinta días de cada periodo constitucional. En caso de falta absoluta del Fiscal general de la República, se procederá a nueva elección para el resto del periodo constitucional.
Las faltas temporales y accidentales del fiscal general de la República y la interinaria, en caso de falta absoluta mientras se provea la vacante, serán llenadas en la forma que determine la ley.

Artículo 220. Son atribuciones del Ministerio Público:

1. Velar por el respeto de los derechos y garantías constitucionales;

2. Velar por la celeridad y buena marcha de la administración de justicia y porque en los Tribunales de la República se apliquen rectamente las leyes en los procesos penales y en los que estén interesados el orden público y las buenas costumbres;

3. Ejercer la acción penal en los casos en que para intentarla o proseguirla no fuere necesario instancia de parte, sin perjuicio de que el Tribunal proceda de oficio cuando lo determine la ley;

4. Velar por el correcto cumplimiento de las leyes y la garantía de los derechos humanos en las cárceles y demás establecimientos de reclusión;

5. Intentar las acciones a que hubiere lugar para hacer efectiva la responsabilidad civil, penal, administrativa o disciplinaria en que hubieren incurrido los funcionarios públicos con motivo del ejercicio de sus funciones; y

6. Las demás que le atribuyan las leyes.

Las atribuciones del Ministerio Público no menoscaban el ejercicio de los derechos y acciones que correspondan a los particulares o a otros funcionarios de acuerdo con esta Constitución y las leyes.

Artículo 221. Las autoridades de la República prestarán al Ministerio Público la colaboración que este requiera para el mejor cumplimiento de sus funciones.

Artículo 222. El fiscal general de la República presentará anualmente al Congreso, dentro de los primeros treinta días de sus sesiones ordinarias, un informe de su actuación.

Título VIII. De la Hacienda Pública

Capítulo I. Disposiciones generales

Artículo 223. El sistema tributario procurará la justa distribución de las cargas según la capacidad económica del contribuyente, atendiendo al principio de la progresividad, así como la protección de la economía nacional y la elevación del nivel de vida del pueblo.

Artículo 224. No podrá cobrarse ningún impuesto u otra contribución que no estén establecidos por ley, ni concederse exenciones ni exoneraciones de los mismos sino en los casos por ella previstos.

Artículo 225. No podrá establecerse ningún impuesto pagadero en servicio personal.

Artículo 226. La ley que establezca o modifique un impuesto u otra contribución deberá fijar un término previo a su aplicación. Si no lo hiciere, no podrá aplicarse sino sesenta días después de haber quedado promulgada.
Esta disposición no limita las facultades extraordinarias que se acuerden al Ejecutivo Nacional en los casos previstos por esta Constitución.

Artículo 227. No se hará del Tesoro Nacional gasto alguno que no haya sido previsto en la Ley de Presupuesto. Solo podrán decretarse créditos adicionales al presupuesto, para gastos necesarios no previstos o cuyas partidas resulten insuficientes y siempre que el Tesoro cuente con recursos para atender a la respectiva erogación. A este efecto se requerirá previamente el voto favorable del Consejo de ministros y la autorización de las Cámaras en sesión conjunta, o, en su defecto, de la Comisión Delegada.

Artículo 228. El Ejecutivo Nacional presentará al Congreso, en la oportunidad que señale la ley orgánica, el Proyecto de Ley de Presupuesto.
Las Cámaras podrán alterar las partidas presupuestarias, pero no autorizarán gastos que excedan el monto de las estimaciones de ingresos del respectivo Proyecto de Ley de Presupuesto.

Artículo 229. En la Ley de Presupuesto se incluirá anualmente, con el nombre de situado, una partida que se distribuirá entre los Estados, el Distrito Federal y los Territorios Federales en la forma siguiente: 30 % (treinta por ciento) de dicho porcentaje, por partes iguales, y el 70 % (setenta por ciento) restante, en proporción a la población de cada una de las citadas Entidades. Esta partida no será menor del 12 1/2 % (doce y medio por ciento) del total de ingresos ordinarios estimados en el respectivo presupuesto y este porcentaje mínimo aumentará anual y consecutivamente a partir del presupuesto del año 1962 inclusive, en un 1/2 % (medio por ciento) por lo menos, hasta llegar a un mínimo definitivo que alcance a un 15 % (quince por ciento). La ley orgánica respectiva determinará la participación que corresponda a las entidades municipales en el situado. La ley podrá dictar normas para coordinar la inversión del situado con planes administrativos desarrollados por el Poder Nacional y fijar límites a los emolumentos que devenguen los funcionarios y empleados de las entidades federales y municipales.

En caso de disminución de los ingresos, que imponga un reajuste del Presupuesto, el situado será reajustado proporcionalmente.

Artículo 230. Solo por ley, y en conformidad con la ley orgánica respectiva, podrán crearse institutos autónomos.

Los institutos autónomos, así como los intereses del Estado en corporaciones o entidades de cualquier naturaleza, estarán sujetos al control del Congreso, en la forma que la ley establezca.

Artículo 231. No se contratarán empréstitos sino para obras reproductivas, excepto en caso de evidente necesidad o conveniencia nacional.

Las operaciones de crédito público requerirán, para su validez, una ley especial que las autorice, salvo las excepciones que establezca la ley orgánica.

Artículo 232. El Estado no reconocerá otras obligaciones que las contraídas por órganos legítimos del Poder Público, de acuerdo con las leyes.

Artículo 233. Las disposiciones que rigen la Hacienda Pública Nacional regirán la administración de la Hacienda Pública de los Estados y los Municipios en cuanto sean aplicables.

Capítulo II. De la Contraloría general de la República

Artículo 234. Corresponde a la Contraloría general de la República el control, vigilancia y fiscalización de los ingresos, gastos y bienes nacionales, así como de las operaciones relativas a los mismos.

La ley determinará la organización y funcionamiento de la Contraloría general de la República, y la oportunidad, índole y alcance de su intervención.

Artículo 235. Las funciones de la Contraloría general de la República podrán extenderse por ley a los institutos autónomos, así como también a las administraciones estatales o municipales, sin menoscabo de la autonomía que a estas garantiza la presente Constitución

Artículo 236. La Contraloría general de la República es órgano auxiliar del Congreso en su función de control sobre la Hacienda Pública, y gozará de autonomía funcional en el ejercicio de sus atribuciones.

Artículo 237. La Contraloría general de la República actuará bajo la dirección y responsabilidad del contralor general de la República.

Para ser contralor general de la República se requiere ser venezolano por nacimiento, mayor de treinta años y de estado seglar.

Artículo 238. Las Cámaras en sesión conjunta elegirán el contralor general de la República dentro de los primeros treinta días de cada periodo constitucional.

En caso de falta absoluta del contralor general de la República, las Cámaras en sesión conjunta procederán a nueva elección para el resto del periodo constitucional.

Las faltas temporales y accidentales del contralor general de la República, y la interinaria, en caso de falta absoluta mientras se provea la vacante, serán llenadas en la forma que determine la ley.

Artículo 239. El contralor general de la República presentará anualmente al Congreso un Informe sobre la actuación de la Contraloría o sobre la Cuenta o Cuentas que hayan presentado al Congreso los organismos y funcionarios obligados a ello. Igualmente presentará los informes que en cualquier momento le soliciten el Congreso o el Ejecutivo Nacional.

Título IX. De la Emergencia

Artículo 240. El presidente de la República podrá declarar el estado de emergencia en caso de conflicto interior o exterior, o cuando existan fundados motivos de que uno u otro ocurran.

Artículo 241. En caso de emergencia, de conmoción que pueda perturbar la paz de la República o de graves circunstancias que afecten la vida económica o social, el presidente de la República podrá restringir o suspender las garantías constitucionales, o algunas de ellas, con excepción de las consagradas en el **Artículo** 58 y en los ordinales 3 y 7 del **Artículo** 60.
El Decreto expresará los motivos en que se funda, las garantías que se restringen o suspenden, y si rige para todo o parte del territorio nacional.
La restricción o suspensión de garantías no interrumpe el funcionamiento ni afecta las prerrogativas de los órganos del Poder Nacional.

Artículo 242. El Decreto que declare el estado de emergencia u ordene la restricción o suspensión de garantías será dictado en Consejo de ministros y sometido a la consideración de las Cámaras en sesión conjunta o de la Comisión Delegada, dentro de los diez días siguientes a su publicación.

Artículo 243. El Decreto de restricción o suspensión de garantías será revocado por el Ejecutivo Nacional o por las Cámaras en sesión conjunta, al cesar las causas que lo motivaron. La cesación del estado de emergencia será declarada por el presidente de la República en Consejo de ministros y con la autorización de las Cámaras en sesión conjunta o de la Comisión Delegada.

Artículo 244. Si existieren fundados indicios para temer inminentes trastornos del orden público, que no justifiquen la restricción o suspensión de las garantías constitucionales, el presidente de la República, en Consejo de ministros, podrá adoptar las medidas indispensables para evitar que tales hechos se produzcan.
Estas medidas se limitarán a la detención o confinamiento de los indicados, y deberán ser sometidas a la consideración del Congreso o de la Comisión Delegada dentro de los diez días siguientes a su adopción. Si estos las declararen no justificadas, cesarán de inmediato; en caso contrario, se las podrá mantener hasta por un límite no mayor de noventa días.
La ley reglamentará el ejercicio de esta facultad.

Título X. De las Enmiendas y Reformas a la Constitución

Artículo 245. Las enmiendas a esta Constitución se tramitarán en la forma siguiente:

1. La iniciativa podrá partir de una cuarta parte de los miembros de una las Cámaras, o bien de una cuarta parte de las Asambleas Legislativas de los Estados, mediante acuerdos tomados en no menos de dos discusiones por la mayoría absoluta de los miembros de cada Asamblea;

2. La enmienda se iniciará en sesiones ordinarias pero su tramitación podrá continuar en las sesiones extraordinarias siguientes;

3. El proyecto que contenga la enmienda se iniciará en la Cámara donde se haya propuesto, o en el Senado cuando haya sido propuesto por las Asambleas Legislativas, y se discutirá según el procedimiento establecido de esta Constitución para la formación de las leyes;

4. Aprobada la enmienda por el Congreso, la Presidencia la remitirá a todas las Asambleas Legislativas para su ratificación o rechazo en sesiones ordinarias, mediante acuerdos considerados en no menos de dos discusiones y aprobados por la mayoría absoluta de sus miembros.

5. Las Cámaras reunidas en sesión conjunta escrutarán en sus sesiones ordinarias del año siguiente los votos de las Asambleas Legislativas, y declararán sancionada la enmienda en los puntos que hayan sido ratificados por las dos terceras partes de las Asambleas;

6. Las enmiendas serán numeradas consecutivamente, y se publicarán de seguida de la Constitución, sin alterar el texto de esta, pero anotando al pie del **Artículo** o artículos enmen-

dados la referencia al número y fecha de la enmienda que lo modifique.

Artículo 246. Esta Constitución también podrá ser objeto de reforma general, en conformidad con el siguiente procedimiento:

1. La iniciativa deberá partir de una tercera parte de los miembros del Congreso, o de la mayoría absoluta de las Asambleas Legislativas en acuerdos tomados en no menos de dos discusiones por la mayoría absoluta de los miembros de cada Asamblea;

2. La iniciativa se dirigirá a la Presidencia del Congreso, la cual convocará a las Cámaras a una sesión conjunta con tres días de anticipación por lo menos, para que se pronuncie sobre la procedencia de aquella. La iniciativa será admitida por el voto favorable de las dos terceras partes de los presentes;

3. Admitida la iniciativa, el proyecto respectivo se comenzará a discutir en la Cámara señalada por el Congreso, y se tramitará según el procedimiento establecido en esta Constitución para la formación de las leyes;

4. El proyecto aprobado se someterá a referéndum en la oportunidad que fijen las Cámaras en sesión conjunta, para que el pueblo se pronuncie en favor o en contra de la reforma. El escrutinio se llevará a conocimiento de las Cámaras en sesión conjunta, las cuales declararán sancionadas la nueva Constitución si fuere aprobada por la mayoría de los sufragantes de toda la República.

Artículo 247. Las iniciativas de enmienda o reforma rechazadas no podrán presentarse de nuevo en el mismo periodo constitucional.

Artículo 248. El presidente de la República no podrá objetar las enmiendas o reformas y estará obligado a promulgarlas dentro de los diez días siguientes a su sanción. Si así no lo hiciere se aplicará lo previsto en el **Artículo 175.**

Artículo 249. Las disposiciones relativas a los casos de urgencia en el procedimiento de la formación de las leyes no serán aplicables a las enmiendas y reformas de la Constitución.

Título XI. De la Inviolabilidad de la Constitución

93

Artículo 250. Esta Constitución no perderá su vigencia si dejare de observarse por acto de fuerza o fuere derogada por cualquier otro medio distinto del que ella misma dispone. En tal eventualidad, todo ciudadano, investido o no de autoridad tendrá el deber de colaborar en el restablecimiento de su efectiva vigencia.

Serán juzgados según esta misma Constitución y las leyes expedidas en conformidad con ella, los que aparecieren responsables de los hechos señalados en la primera parte del inciso anterior y así como los principales funcionarios de los gobiernos que se organicen subsecuentemente, si no han contribuido a restablecer el imperio de esta Constitución. El Congreso podrá decretar, mediante acuerdo aprobado por la mayoría absoluta de sus miembros, la incautación de todo o parte de los bienes de esas mismas personas y de quienes se hayan enriquecido ilícitamente al amparo de la usurpación, para resarcir a la República de los perjuicios que se le hayan causado.

Título XII. Disposiciones Finales

Artículo 251. Las disposiciones transitorias se dictan en texto separado. Ellas tienen valor de norma constitucional y se sanciona con las mismas formalidades con que se adopta la presente Constitución. Su texto no será susceptible de enmienda sino mediante los trámites previstos en el Título X.

Artículo 252. Queda derogado el ordenamiento constitucional que ha estado en vigencia hasta la promulgación de esta Constitución.

Dada, firmada y sellada en el Palacio Federal Legislativo, en Caracas, a los veintitrés días del mes de enero de mil novecientos sesenta y uno. Año 151 de la Independencia y 102 de la Federación. El presidente del Congreso Nacional, Raúl Leoni senador por el Estado Bolívar. Vicepresidente del Congreso Nacional, Rafael Caldera diputado por el Distrito Federal. ESTADO ANZOATEGUI: senadores: Juan M. Mogna. José Ramón Hernández Camejo. J. M. Domínguez Chacin. Diputados: Octavio Lepage Barreto. Elpidio La Riva Mata. Jaime Lusinchi. Pedro Ortega Díaz. Alirio Gómez Cermenho. Pedro Manuel Vásquez. Raúl Monteverde. ESTADO APURE: senadores: Cristóbal Azuaje. Julio C. Sánchez Olivo. Diputados: Isabel Carmona de Serra. Freddy Melo. ESTADO ARAGUA: senadores: Miguel Otero Silva. J. A. Medina Sánchez diputados: Pablo Cova García. Jorge Pacheco. Leonardo Arias. Castor José Torres. Godofredo González. Humberto Bartoli. ESTADO BARINAS: senadores: Rafael Octavio Jiménez. Víctor Mazzei González. Diputados Samuel Darío Maldonado. Argenis Gómez. Gonzalo García Bustillos. ESTADO BOLIVAR: senador: J. M. Siso Martínez. Diputados:

Pedro Miguel Pareles. Olivio Campos. Said Moanack ESTA-
DO CARABOBO: senadores: Francisco Melet. Alfredo Ce-
lis Pérez. Diputados: Enrique Betancourt y Galíndez. Carlos
Felipe Alvizu. Rafael Peña. Hector Vargas A.

Libros a la carta

A la carta es un servicio especializado para
empresas,
librerías,
bibliotecas,
editoriales
y centros de enseñanza;
y permite confeccionar libros que, por su formato y concepción, sirven a los propósitos más específicos de estas instituciones.

Las empresas nos encargan ediciones personalizadas para marketing editorial o para regalos institucionales. Y los interesados solicitan, a título personal, ediciones antiguas, o no disponibles en el mercado; y las acompañan con notas y comentarios críticos.

Las ediciones tienen como apoyo un libro de estilo con todo tipo de referencias sobre los criterios de tratamiento tipográfico aplicados a nuestros libros que puede ser consultado en Linkgua-ediciones.com.

Linkgua edita por encargo diferentes versiones de una misma obra con distintos tratamientos ortotipográficos (actualizaciones de carácter divulgativo de un clásico, o versiones estrictamente fieles a la edición original de referencia).

Este servicio de ediciones a la carta le permitirá, si usted se dedica a la enseñanza, tener una forma de hacer pública su interpretación de un texto y, sobre una versión digitalizada «base», usted podrá introducir interpretaciones del texto fuente. Es un tópico que los profesores denuncien en clase los desmanes de una edición, o vayan comentando errores de interpretación de un texto y esta es una solución útil a esa necesidad del mundo académico.

Asimismo publicamos de manera sistemática, en un mismo catálogo, tesis doctorales y actas de congresos académicos, que son distribuidas a través de nuestra Web.
El servicio de «libros a la carta» funciona de dos formas.
1. Tenemos un fondo de libros digitalizados que usted puede personalizar en tiradas de al menos cinco ejemplares. Estas personalizaciones pueden ser de todo tipo: añadir notas de clase para uso de un grupo de estudiantes, introducir logos corporativos para uso con fines de marketing empresarial, etc. etc.
2. Buscamos libros descatalogados de otras editoriales y los reeditamos en tiradas cortas a petición de un cliente.